HEYNE
BÜCHER

ESOTERISCHES
WISSEN

Safi Nidiaye lehrt Meditation, leitet Seminare, schreibt Bücher und Lieder, singt und arbeitet mit Tönen. Seit 1988 übermittelt sie auf mediale Weise Wissen von höheren Ebenen des Bewußtseins. Drei ihrer bislang erschienenen Bücher (*»Liebe ist mehr als ein Gefühl«* 08/9641, *»Neues Wissen, neues Denken – für eine bessere Zukunft«* 08/9671 und *»Führung durch Intuition«* 22/1058) und zwei Audiokassetten (*»Liebe, Leben, Partnerschaft«*) sind auf diese Weise entstanden und im Wilhelm Heyne Verlag bzw. bei Ariston erschienen. Weitere Titel im Wilhelm Heyne Verlag sind: *Den Weg des Herzens gehen* 13/9682, *Meditation löst Lebensprobleme* 13/9730, *Vertrauen ins Leben* 13/9769 und *Amixipi* 46/15. Safi Nidiaye lebt in Bayern.

SAFI NIDIAYE

Ihr höheres Selbst

Wie Sie mit ihm Verbindung aufnehmen, Zwiesprache halten, eins werden

WILHELM HEYNE VERLAG
MÜNCHEN

HEYNE ESOTERISCHES WISSEN
Herausgegeben von Michael Görden
13/9782

Umwelthinweis:
Dieses Buch wurde auf
chlor- und säurefreiem Papier gedruckt.

Copyright © 1996 der Originalausgabe by Ariston Verlag,
Kreuzlingen/München
Ungekürzte Taschenbuchausgabe 1999
im Wilhelm Heyne Verlag GmbH & Co. KG, München
http://www.heyne.de
Printed in Germany 1999
Umschlaggestaltung: Atelier Bachmann & Seidel, Reischach
Umschlagillustration: Agentur Holl/Ronnie Leckie, Aachen
Technische Betreuung: Sibylle Hartl
Satz: ew print & medien service gmbh, Würzburg
Druck und Bindung: Ebner Ulm

ISBN 3-453-14678-6

Inhalt

Vorwort

Ich bin ein Medium. Kein spiritistisches Medium, das mit verstorbenen Menschen kommuniziert, sondern ein Kanal für andere Dimensionen des eigenen Bewußtseins, für jene Sphäre unseres Seins und Wesens, die wir im allgemeinen das »höhere Selbst« nennen.

In dieser Funktion bin ich einige Male an die Öffentlichkeit getreten, vor allem mit Büchern, deren Inhalte dieser überpersönlichen Quelle entstammen (*Liebe ist mehr als ein Gefühl*, Wilhelm Heyne Verlag, München 1994 und *Neues Wissen, neues Denken für eine bessere Zukunft*, Ariston Verlag, Kreuzlingen/München 1993), und mit Fernsehsendungen. In der Folge bekam ich viele Briefe von Lesern und Zuschauern, die immer wieder zweierlei wissen wollten: ob ich Einzelsitzungen gebe und wie man allein mit seinem höheren Selbst in Verbindung treten könne. Einzelsitzungen gebe ich nicht; statt dessen und um all den Menschen zu helfen, die sich nach einer klareren, deutlicheren Verbindung mit ihrem höheren Selbst sehnen, habe ich dieses Buch geschrieben.

Es ist kein Kurs in *Channeling* (mit diesem amerikanischen Ausdruck bezeichnet man das mediale Kanalisieren von Botschaften aus höheren Bewußtseinssphären), sondern eine Schulung, welche die

Absolventen dazu befähigt, die Stimme ihres höheren Selbst deutlicher wahrzunehmen, eine klare Kommunikation mit dieser Ebene zu pflegen und Botschaften, die der eigenen Führung und Inspiration dienen, unverfälscht und deutlich empfangen zu können.

Channelling im Sinne medialer Tätigkeit für andere lehre ich nicht. Es kann, das weiß ich aus eigener Erfahrung, sehr wertvoll und hilfreich sein; für noch wertvoller halte ich es jedoch, wenn jeder selbst lernt, mit seiner inneren Führung in Kontakt zu kommen. Außerdem bin ich zu der Ansicht gelangt, daß jemand, der seinen Mitmenschen in spiritueller Hinsicht helfen möchte, dies am besten vermag, indem er die Erkenntnisse, die ihm aus seinem Kontakt mit dem höheren Selbst erwachsen, in seinem eigenen Leben verwirklicht.

Gleichwohl werden sich manche Leserinnen und Leser Hinweise für das Erlernen des Channelling im Sinne medialer Tätigkeit erhoffen. Sie werden sie auch finden. Gedacht aber ist dieses Buch für Menschen, die den Kontakt mit den höheren Ebenen pflegen möchten, um Hilfe, Inspiration, Führung und neue Perspektiven für ihr eigenes Leben zu erhalten.

Safi Nidiaye

Einführung

———◆———

1

Was ist das »höhere Selbst«?

Wie Wasser in Rinnsalen und Flußbetten, über Steine und Felsen, Sand und Schlamm läuft und Strudel, Wellen, reißende Ströme, stille Teiche, Pfützen oder Ozeane bildet, so fließt das Selbst durch die verschiedenen Formen seiner Existenzen. Es gibt nur ein Selbst, nicht viele »Selbste«. Unsere Sprache bezeugt das. Wasser ist immer Wasser; aber einmal taucht es als der Indische Ozean, einmal als der Rhein und einmal als namenloser Tümpel auf. Dann wieder fällt es als Regen auf die Erde, sprudelt aus unterirdischen Quellen hervor, steigt als Nebel aus den Wiesen empor oder wirbelt als Schnee durch die Luft. Wer oder was ist der Rhein? Unzweifelhaft hat er für jeden, der ihn kennt, seine eigene Identität, seinen besonderen Charakter. Und doch ist es einfach nur Wasser, das ihn bildet; und dieses Wasser ist nicht im Rhein zu Hause, sondern es kommt von überall her, ergießt sich ins Meer, wird Wolke und so endlos weiter.

Den Rhein kann man beschreiben, weil er sich mit anderen Flüssen vergleichen läßt. Man kann beispielsweise sagen, daß er breit und mächtig ist. Wasser zu beschreiben ist schwerer. Wasser ist einfach Wasser, wir kennen nichts Vergleichbares. Immerhin kann man sagen, daß es flüssig ist (jedenfalls in dem Aggregatzustand, den wir als seinen natürlichen betrachten), weil wir von anderen Elementen wissen, die nicht flüssig sind. Aber womit sollte man das Selbst vergleichen? Es gibt ja nur eines. Es ist das Selbst von allem, was ist, es ist ich selbst und du selbst und wir selbst. Es läßt sich nicht beschreiben, weil man es nicht vergleichen kann. Es ist immer es selbst, so wie Wasser immer Wasser ist: ob als Regentropfen oder Schneeflocke, als Teich oder Ozean.

Unsere fünf Sinne vermitteln uns eine Welt, die aus verschiedenen, voneinander getrennten Objekten, Wesen und Elementen besteht. Betrachtet man die Welt mit den »Verlängerungen« unserer Sinne, den Instrumenten der modernen Naturwissenschaft, so ist man eher geneigt, sie als ein zusammenhängendes Ganzes zu interpretieren. Wendet man seine Wahrnehmung nach innen und betrachtet nicht die Erscheinungen, sondern das, was in ihrer Gestalt erscheint, so wird dieser Eindruck zur Gewißheit: Es ist eine einzige, unteilbare Realität, ein »Selbst«, das sich in allen Wesen und Phänomen reflektiert.

Dieses Selbst im Zustand vollkommenen Bewußtseins nennen wir »Gott«. Dieses nämliche Selbst im Zustand individuellen Bewußtseins (gewissermaßen in dem Traum befangen, es sei Konrad X. oder Safi Y.) nennen wir »ich«. Und dieses nämliche Selbst im Bewußtsein seiner selbst als Ganzes *und* als ein bestimmtes Indiviuum nennen wir das »höhere Selbst«.

Von unserem individuellen Standpunkt aus können wir diese höhere Realität unserer selbst nicht erfassen. Wir können uns nur an die Spuren halten, die sie in unserer persönlichen Realität hinterläßt. Es sind dies vor allem diejenigen unserer Gedanken, die wir als »innere Stimme« bezeichnen. Es ist ganz offensichtlich, daß diese Eingebungen einer Wirklichkeit entstammen, die weit über unser persönliches Begriffsvermögen hinausreicht. Die innere Stimme zeugt von einem Wissen, das nicht aus den uns bekannten Quellen stammt; und sie hat immer recht.

Die Realität unseres höheren Selbst kann auch in nichtverbaler Weise in unser Alltagsbewußtsein einbrechen: zum Beispiel als überwältigende Freude, als tiefer Frieden oder als Gefühl von Geborgenheit oder Liebe, jeweils ohne Ursache oder Objekt in der äußeren Welt.

Innere Erlebnisse dieser Art lassen Sehnsucht nach dem Höheren in uns entstehen. Manche Menschen gehen dieser Sehnsucht nach, indem sie ein Medium aufsuchen, durch das ihr höheres Selbst zu ihnen sprechen kann (einen »channel« oder Kanal). Andere lassen sich den Weg zu ihrer höheren Realität von einem spirituellen Lehrer weisen. Wieder andere suchen Spuren dieser Wirklichkeit in Büchern, und manche versuchen auf eigene Faust, sich ihr zu nähern: durch Meditation, Selbsterforschung, Gebet.

Manche Menschen suchen die Verbindung mit ihrem höheren Selbst deshalb, weil sie sich davon etwas versprechen: Antwort auf ihre Fragen, Lösung ihrer Probleme, Verwirklichung ihrer Wünsche, Heilung, Befreiung. Andere packt die Sehnsucht nach dem Höheren und Allerhöchsten ganz unbedingt, völlig ohne persönliche Erwartungen. Dieses Buch ist für beide Arten von Suchenden geschrieben. Es ist gleich, warum sich jemand aufmacht, sein höheres Selbst zu finden – ob aus persönlichen oder aus überpersönlichen Motiven heraus. Unsere Sorgen, Probleme und Wünsche können gerade das Vehikel sein, das uns in höhere Dimensionen trägt, und Verzweiflung, Inbrunst und sehnsüchtige Begierde können den nötigen Treibstoff dazu liefern. Wer sagt, daß nicht gerade unsere höchst persönlichen Motive das Mittel sind, mit dem das Überpersönliche uns zu sich lockt?

2

Warum spricht die innere Stimme nicht deutlicher?

Wieso ist die Stimme des höheren Selbst in unserem persönlichen Bewußtsein, die »innere Stimme«, so leise, so flüchtig, von anderen Gedanken so schwer zu unterscheiden? Warum meldet sich das höhere Selbst nicht mit einem ausdrücklichen Hinweis, wie: »Aufgepaßt, hier spricht das höhere Selbst«? Das Leben wäre viel leichter.

Unser höheres Selbst ist ja niemand anderer als wir selbst. Deshalb ist seine (die »innere«) Stimme nichts anderes als unser eigenes Wissen – ein Wissen, das aus dem Kern unseres Wesens auftaucht, diesem Kern, der das eine und einzige Selbst ist. Unsere innere Stimme ist also nichts anderes als unser ureigenster Gedanke, so wie unser höheres Selbst, das man je nach Perspektive auch »inneres Selbst« nennen kann, nichts ist als unser ureigenstes Wesen.

Die innere Stimme ist ein *unmittelbarer* Gedanke. Diesem folgen, meist auf dem Fuße, *mittelbare* Gedanken. »Ich sollte das Auto nicht hier abstellen«, ist Ihr erster Gedanke, nachdem Sie den Wagen geparkt haben. Es ist ein *primärer* Gedanke, ein Gedanke, der nicht die Folge von Wahrnehmungen und Überlegungen ist. Sie sehen keinerlei Anzeichen dafür, daß das

Auto auf diesem Platz nicht stehen darf, kein Parkverbotsschild etwa. Und doch denken Sie spontan, daß Sie das Auto an diesem Platz nicht abstellen sollten. Aber fast im selben Augenblick erhebt sich eine Flut *sekundärer* Gedanken in Ihrem Bewußtsein und erstickt diesen Funken echten Wissens. »Wieso denn«, denken Sie, »Parken ist doch hier erlaubt«, oder: »Ich habe doch schon oft hier geparkt.« Außerdem haben Sie es eilig. Also lassen Sie den Wagen stehen.

Als Sie zurückkommen, finden Sie ihn verbeult vor. Nun wissen Sie ohne Zweifel (Sie wußten es die ganze Zeit), daß es die innere Stimme war, die Sie gewarnt hatte. Warum meldete sie sich auch nicht deutlicher zu Wort?!

Die innere Stimme spricht nicht deutlich und nicht undeutlich; sie ist einfach ein primärer Gedanke, der sich aus dem allwissenden Selbst erhebt. Nur sind wir im allgemeinen nicht darauf trainiert, primäre Gedanken wahr- und vor allem ernst zu nehmen. Wir haben das Gegenteil gelernt: Wissen entsteht dadurch, daß man etwas mit seinen fünf Sinnen registriert und seine Wahrnehmung dann mit dem Verstand, das heißt gemäß den allgemeinen Übereinkünften sowie den Gesetzen der Logik (zu denen sich allerlei unbewußte persönliche Gesichtspunkte gesellen), interpretiert und einordnet. Wissen ist nicht einfach da, sondern man leitet es von irgend etwas ab. Diese Art des Denkens ist für Kultur und Zivilisation unerläßlich; sie ist eine Kunst für sich und treibt wunderschöne Blüten. Außerdem übt sie das Begriffsvermögen. Das Wissen, das auf diese Weise entsteht, ist jedoch immer sekundäres Wissen. Primäres Wissen ist einfach da, man braucht es nicht von irgend etwas herzuleiten. Es ist sozusagen älter, grundsätzlicher als alles, aus dem man etwas herleiten könnte; es gehört zur Natur des Selbst. Es ist Wissen an sich.

Der primäre Gedanke – die innere Stimme – ist meist der erste. Er kann sich allerdings auch plötzlich aus einem Wust sekundärer Gedanken erheben, ohne daß man mit Sicherheit sagen könnte, ob er zuerst dagewesen sei. Wie auch immer: Wenn ein Gedanke spontan auftaucht, grundlos und ohne erkennbar eine Reaktion auf eine Wahrnehmung zu sein, ist es mit großer Wahrscheinlichkeit ein primärer Gedanke, eine Äußerung der inneren Stimme, der Stimme des höheren Selbst.

Primäre Gedanken erkennt man an zwei Merkmalen:

1. an ihrer Unmittelbarkeit (man weiß es einfach, ohne durch ein Mittel zu diesem Wissen gekommen zu sein),
2. an der Gewißheit (man weiß es ohne Zweifel).

3

Wie kann man mit dem höheren Selbst in Kontakt treten?

Wir wünschen also mehr Kontakt mit unserer höheren Realität. Zunächst einmal: »Kontakt« setzt voraus, daß wir und unser höheres Selbst zwei verschiedene Realitäten sind; es sind jedoch, um das zu wiederholen, eher so etwas wie zwei verschiedene Bewußtseinszustände ein und desselben Wesens. Zum Zwecke der Übung können wir aber so tun, als handle es sich um zwei Wesen.

Wie soll nun dieser Kontakt aussehen? Soll es ein verbal-gedanklicher sein, ein Dialog mit der inneren Stimme? Wir fragen, das höhere Selbst antwortet; wir klagen dem höheren Selbst unsere Sorgen, es sagt uns, wie wir Abhilfe schaffen können; wir fragen nach dem Weg, das höhere Selbst weist ihn uns. Diese Art von Kontakt ist selbstverständlich möglich. Die Verbindung mit dem höheren Selbst muß sich jedoch nicht in Wortgedanken äußern. Wir können sie auch anders erleben: als Heilung unserer psychischen Wunden und unserer Zerrissenheit beispielsweise; als Trost, als Erfüllung; als Erlösung von unserer Schuld, als plötzliches Auftreten hoher Emotionen, die uns über unser enges persönliches Gesichtsfeld hinaustragen.

Und schließlich können wir, weit über den Eindruck von »Kontakt« oder »Verbindung« hinaus, unser Einssein mit unserem höheren Selbst erleben. Was wir bislang nur theoretisch gewußt haben, ist plötzlich Realität: Es besteht nur ein Selbst, und dieses Selbst sind wir selbst.

Die Entwicklung verläuft nicht in gerader Linie. Manchmal steht man im Dialog mit seinem höheren Selbst, ein andermal in emotionalem Kontakt. Dann wieder gibt es Zeiten, in denen man von ihm abgeschnitten zu sein glaubt. Das Ziel – die Einheit – taucht immer wieder auf. Es ist ja immer da. In Wirklichkeit waren wir nie von unserem höheren Selbst getrennt, ja, wir waren nie etwas anderes. Es ist nur das Bewußtsein dieser Tatsache, das verschwunden, verschwommen oder klar ist, je nach dem Grad unserer Wachheit. Wenn man träumt, vergißt man, wer man ist. Oder man erinnert sich vage daran. Oder man erinnert sich deutlich und weiß, daß man träumt. Oder man erwacht. Welche Bedeutung hat dann das, was man im Traum war?

Die Schulung

Empfehlungen zum Schulungsprogramm

Wer ernsthaft danach trachtet, die Verbindung zu seinem höheren Selbst zu verbessern, zu vertiefen, zu festigen und schließlich selbstverständlich werden zu lassen, muß sich Zeit nehmen. Es hat keinen Sinn, ja kann sogar schädlich sein, sich hier und da eine Empfehlung oder eine Übung herauszugreifen und auszuprobieren, ob man Resultate erzielt. In dieser Schulung baut jede Phase auf die vorhergehende auf; es ist nicht sinnvoll, auch nur eine zu überspringen. Allerdings ist es ratsam, das Buch erst einmal ganz durchzulesen. Wer sich nach dieser Lektüre inspiriert fühlt und sich auf den skizzierten Weg begeben möchte, dem sei ans Herz gelegt, langsam und geduldig Schritt für Schritt vorzunehmen.

Jedes Kapitel stellt eine Übungsphase dar. Bitte legen Sie jeweils selbst fest, wieviel Zeit Sie dieser Phase einräumen möchten. Natürlich steht es Ihnen frei, diese Zeit zu verlängern, wenn Sie das Gefühl haben, daß die Phase noch andauert. Wenn Sie sie aber verkürzen möchten, prüfen Sie genau, welcher Quelle dieser Wunsch entspringt! Ist es einfach Hast oder Trägheit, dann ist es besser, die festgesetzte Zeit durchzuhalten. Die besten Resultate kommen oft erst, wenn man einen toten Punkt überwunden hat.

Es liegt in Ihrem eigenen Ermessen, einer Übungsphase Tage, Wochen oder Monate Zeit zu geben (wobei ich auf jeden Fall Wochen empfehle). Sie werden selbst fühlen, welcher Zeitraum für Sie jeweils notwendig ist. Da es zwölf Schritte sind, liegt es nahe, für jeden dieser Schritte einen Monat festzulegen.

In der Realität des Lebens greifen die Themen der verschiedenen Übungsphasen natürlich ineinander. Alle gegebenen Empfehlungen sind nicht nur für die jeweilige spezielle Übungsphase, sondern für das ganze Leben gedacht. Aber wenn Sie der schrittweisen Schulung sorgfältig folgen und sich am Ende Ihr »Abschlußdiplom« geben können, dann verfügen Sie über ein Handwerkszeug, das Sie jederzeit nach Bedarf zu nutzen vermögen.

Besonders wichtig ist es, sich nicht zuerst für die Übungen der letzten Kapitel der Schulung zu interessieren, so sehr dies auch reizen mag. Ein übereiltes Vorgehen ohne Beachtung der richtigen Reihenfolge führt nicht zu den angestrebten Resultaten. Die vorbereitenden Schritte sind eine technische Notwendigkeit, dazu angelegt, daß Sie mit Sicherheit Ihr Ziel erreichen, die klare Verbindung mit Ihrem höheren Selbst – und nicht mit irgendeiner Instanz. Es wimmelt von Stimmen im telepathischen Äther; die richtige muß angepeilt und der Empfänger sorgfältig eingestellt werden. Alles andere führt zu Verwirrung, psychischem Ungleichgewicht, bis hin zu Wahn. Ich kenne einige solcher Fälle.

Sie haben sich ein hohes Ziel gesteckt; es ist nicht ohne eine gewisse Disziplin zu erreichen. Aber ich kann Ihnen versichern: Die Übungen sind leicht durchzuführen; jede einzelne wird Sie bereichern. Und: Die Mühe lohnt sich. Keine der Übungen wird vergebens durchgeführt, auch wenn nicht immer sofort greifbare Resultate eintreten.

Es ist unbedingt zu empfehlen, Stillschweigen über Ihr Ziel und Ihren Übungsweg zu bewahren oder zumindest so wenig wie möglich davon zu erzählen – außer wenn Sie den Weg gemeinsam mit anderen Menschen gehen und Erfahrungen austauschen, um einander zu unterstützen. Aber bitte seien Sie grundsätzlich vorsichtig mit der Preisgabe von Meditationserlebnissen; sie verlieren ihre Kraft, wenn man sie mitteilt, bevor die Zeit dafür reif ist. Außerdem sind sie kaum je wirklich mitteilbar; zudem erhält man nur in den seltensten Fällen das ersehnte Verständnis oder das begeisterte Echo, das man sich wünscht. Und obendrein läuft man Gefahr, seinen Gesprächspartner traurig zu stimmen, weil er etwas Derartiges vielleicht noch nicht erlebt hat.

Am Ende eines jeden Kapitels sind die Hauptbestandteile der jeweiligen Übungsschritte in übersichtlicher Form zusammengefaßt. Wenn Sie für die Zeit der Schulung ein Tagebuch anlegen möchten (was manchmal sehr hilfreich ist), dann können Sie diese Zusammenfassung jeweils zu Beginn der neuen Übungsphase in Ihr Tagebuch eintragen. Das hilft Ihnen, den Überblick zu behalten.

Personen, die schon seit vielen Jahren unter kundiger Anleitung meditieren und einen soliden und unzweifelhaften Kontakt zu ihrem höheren Selbst aufgebaut haben, können sich wahrscheinlich leisten (bitte prüfen Sie das bei der Lektüre selbst), ihre Praxis durch einzelne Kapitel oder Empfehlungen dieses Buches anzureichern, ohne dabei systematisch dem Schulungsprogramm zu folgen. Ich glaube allerdings, daß es auch für Fortgeschrittene eine sehr hilfreiche Übung ist, die jeweiligen Schritte nachzuvollziehen. Vielleicht brauchen Sie weniger Zeit für die einzelnen Abschnitte als andere, die erst am Beginn stehen. Aber ich bin sicher, daß Sie, wenn Sie den Weg Schritt für Schritt gehen, Ihre bisherige Erkenntnis und Realisation noch vertiefen können. Mir jedenfalls ist es oft nützlich gewesen, von vorne anzufangen.

1

Auf Empfang schalten: Ausrichtung auf Vollkommenheit

Um die Botschaften empfangen zu können, die das höhere Selbst aussendet, muß man dieser Ebene seines Wesens gegenüber auf Empfang schalten. Wie beginnt man das?

In der Bewußtseinssphäre »höheres Selbst« herrscht Vollkommenheit; keine statische, sondern eine dynamische Vollkommenheit. Man weiß: Alles ist vollkommen, so, wie es ist, und zugleich befindet sich alles in unaufhörlicher Veränderung, im Zustand des Fließens.

Nur wenn man einen großen Ausschnitt dieses Stroms überblickt, kann man die grundsätzliche Vollkommenheit wahrnehmen. In unserem alltäglichen Bewußtseinszustand schwimmen, treiben, kämpfen, strudeln wir irgendwo im großen Strom herum, und deshalb fehlt uns dieser Überblick. Unser höheres Selbst jedoch hat ihn. Jedem seiner Gedanken und Mitteilungen liegt das Bewußtsein der Vollkommenheit zugrunde.

Deshalb besteht die beste Art, seinem höheren Selbst gegenüber auf Empfang zu schalten, darin, sein Bewußtsein auf Vollkommenheit auszurichten.

Das ist kein intellektueller Gewaltakt; man muß sich nicht zwingen, in Kategorien von Vollkommenheit zu denken; man muß nicht seinen Verstand überreden, alles vollkommen zu finden. Sondern man braucht sich nur für die Vollkommenheit zu öffnen, den Gedanken grundsätzlicher Vollkommenheit nur für möglich zu halten, auch wenn die gegebene Lebenssituation oder die Umstände in unserer Welt noch so schwierig sein mögen.

Halten Sie Ihr Bewußtsein offen und schauen Sie, ob Sie in den Ereignissen, Abläufen und Zusammenhängen Ihres Lebens, auf dem Grunde Ihrer Gedanken und Gefühle, im Zusammenspiel Ihrer körperlichen und geistigen Funktionen, in der Art, wie Ihre äußere Welt Ihre innere widerspiegelt, in den Kreisläufen der Natur, in allem, was Sie wahrnehmen, Anzeichen von Vollkommenheit erspähen können. In der Schönheit einer Landschaft, eines Sonnenaufgangs, einer Handlung, in der rührenden Perfektion der Gestalt eines jungen Bäumchens oder in rätselhaften Fügungen... Letztlich finden Sie die wahre Vollkommenheit in Ihrem eigenen Inneren, jenseits der Sphäre Ihrer persönlichen Gedanken und Emotionen. Wenn Sie tief hinter diese schauen, entdecken Sie Vollkommenheit: nicht nur als Kulisse, in die das Geschehen Ihrer Gedanken und der Ereignisse Ihres Lebens eingebettet ist, sondern als Sie *selbst*, als Ihr ureigenstes Wesen – Ihr »höheres« Selbst.

So lautet also meine erste Empfehlung für jeden, der sein höheres Selbst entdecken und mit ihm bewußt in Kontakt treten möchte: Richten Sie Ihre »Antennen« auf Vollkommenheit aus.

Praktischer Vorschlag: Ernennen Sie einen von Ih-

nen festgesetzten Zeitraum zur »Übungsphase Vollkommenheit«. (Zum Beispiel einen Monat oder mehr;
es lohnt sich, sich Zeit dafür zu nehmen. Drei Tage
sind zuwenig.) Eröffnen Sie diese Phase ausdrücklich
und feierlich mit einer Kontemplation, die Sie je nach
Ihrer spirituellen Ausrichtung zu einer schönen Zeremonie ausgestalten und/oder mit Gebeten einrah-
men können.

Übung 1.1: Eröffnungskontemplation

- Begeben Sie sich an einen ruhigen Platz in Ihrer
  Wohnung oder in der Natur, wo Sie für etliche Minuten (etwa 30 bis 60) ungestört sind.
- Nehmen Sie eine bequeme Meditationshaltung ein.
  Wichtig dabei ist vor allem, daß das Rückgrat aufrecht, der Körper entspannt ist und zumindest ein
  Knie am Boden liegt oder aber, wenn Sie auf einem Stuhl sitzen, beide Füße mit ganzer Fläche
  auf dem Boden ruhen.
- Laden Sie Ihr höheres Selbst (ganz gleich, ob Sie
  eine vage oder eine genaue Vorstellung von ihm
  haben) ein, mit Ihnen diese Kontemplation zu erleben und Sie dabei zu führen und zu inspirieren.
- Entspannen Sie sich. Tun Sie für eine Weile nichts
  weiter, als Ihren Atem zu beobachten, der sich dabei, zusammen mit Ihrer Gedankentätigkeit, nach
  und nach beruhigt. Versuchen Sie nicht, Ihre Gedanken abzustellen; nehmen Sie sie einfach wahr,
  ohne sich von ihnen davontragen zu lassen. Im
  Zentrum Ihrer Aufmerksamkeit steht Ihr Atem; die
  Gedanken verschwinden mehr und mehr an der

Peripherie. Die Gedanken dürfen existieren; sie dürfen zum Inhalt haben, was immer sie wollen; mischen Sie sich nicht ein, korrigieren Sie sie nicht, verscheuchen Sie sie nicht, lassen Sie sie einfach weiterlaufen, während Sie Ihren Atem beobachten und sich mehr und mehr entspannen.

- Nun (erst nachdem Sie eine gute Weile lang reine Atembeobachtung mit peripherer Gedankenwahrnehmung und zugleich Entspannung geübt haben) setzen Sie Ihren Willen ein, um Ihren Geist »leerzufegen«. Benutzen Sie den Atem als Besen. Stellen Sie sich vor, daß jedes Ein- und jedes Ausatmen ein Besenstrich ist, mit dem Sie Ihr Bewußtsein von Gedanken reinigen. Dies geschieht, indem Sie Ihre Aufmerksamkeit ganz entschieden an jeden einzelnen Atemzug und jede einzelne Phase jedes Atemzuges heften. Tun Sie dies nur einige Atemzüge lang. Dann entspannen Sie sich wieder.

- Lassen Sie jetzt in Ihrem Bewußtsein den Begriff, den Zustand, die Stimmung, das Gefühl »Vollkommenheit« entstehen. Ruhig atmend denken Sie an Vollkommenheit und betrachten die Bilder, Gedanken und Gefühle, die dabei erscheinen. Halten Sie »Vollkommenheit« in Ihrem Geist fest, was auch immer geschieht. Wenn Gedanken auftreten, die nicht zum Thema zu gehören scheinen, betrachten Sie sie durch den Begriff »Vollkommenheit« hindurch, setzen Sie sie in Beziehung zu Vollkommenheit. Bleiben Sie immer mit einem Teil Ihrer Aufmerksamkeit bei Ihrem Atem.

- Bitten Sie Ihren Geist nun darum, ein Bild vor Ihrem inneren Auge auftauchen zu lassen, das für

Sie in der schönsten und beeindruckendsten Weise Vollkommenheit symbolisiert.

- Vertiefen Sie sich in dieses Bild; betrachten Sie es nicht nur als Zuschauer, sondern werden Sie Teil von ihm oder eins mit ihm, je nachdem, was es darstellt.

- Prägen Sie sich das Bild und die Stimmung von Vollkommenheit gründlich ein. Dies soll fortan Ihre Orientierungsmarke sein, mit deren Hilfe Sie Ihr Bewußtsein auf Vollkommenheit ausrichten.

- Beenden Sie die Kontemplation auf eine Weise, die Ihnen angenehm ist und angemessen erscheint. Das heißt, kehren Sie nicht einfach übergangslos ins Alltagsleben zurück, sondern setzen Sie ein Zeichen zur Beendigung Ihrer Meditation – zum Beispiel, indem Sie die Hände zusammenlegen und sich verneigen, ein Gebet sprechen, etwas singen (oder was immer Ihnen spontan einfällt).

Übung 1.1.1: Den Code benutzen

Nun haben Sie eine Orientierungshilfe, die es Ihnen erleichtert, Ihren geistigen Radioapparat auf das richtige Programm einzustellen. Es ist ein Symbolbild zusammen mit der Stimmung von Vollkommenheit. Diesen Code können Sie nutzen, wie, wo und wann Sie wollen.

Beispiel:

- Denken Sie morgens als erstes, noch vor dem Aufstehen, und abends als letztes vor dem Einschlafen an Vollkommenheit und an Ihr Bild.

- Malen Sie Ihr Bild oder verleihen Sie ihm in einer anderen Weise künstlerischen Ausdruck.
- Denken Sie an Ihren Code, wann immer es im Leben schwierig wird.

Nehmen Sie sich ausdrücklich vor, von nun an (für immer oder für die von Ihnen festgesetzte Zeitspanne) Ihr Bewußtsein auf Vollkommenheit auszurichten.

Nehmen Sie bewußt die Ereignisse Ihres Lebens, Ihre Gedanken, Gefühle und Stimmungen, die Zusammenhänge zwischen Ihrer Innen- und Außenwelt sowie das Auftauchen Ihrer Intuition wahr und setzen Sie all dies in Beziehung zu »Vollkommenheit«. Dies geschieht aber nicht, indem Sie argumentierend Ihren Verstand davon zu überzeugen versuchen, daß alles vollkommen ist. Vielmehr mutet die richtige Technik eher paradox an: Auf der einen Seite steht in Ihrem Bewußtsein Ihre Wahrnehmung der Vorgänge, auf der anderen Seite der Gedanke/das Bild/die Stimmung »Vollkommenheit«. Beobachten Sie, welche Zusammenhänge zwischen diesen beiden Seiten von selbst entstehen, anstatt sie künstlich herzustellen. Letzteres könnte nämlich zu Illusionen führen. Denn anstatt die real hinter allen Phänomenen vorhandene Vollkommenheit zu erahnen oder zu erfassen, riskieren Sie, Ihrem Denken den »Vollkommenheitsfilter« aufzusetzen und willkürlich aus Ihrer Wahrnehmung alles auszublenden, was nicht Ihrer Vorstellung von Vollkommenheit entspricht.

Mit diesem Vorgehen landen Sie nicht auf jener höheren Ebene jenseits des Verstandes, die Sie erreichen möchten, sondern Sie verwickeln Ihren Verstand in ein neues Spiel und bleiben darin gefangen: das Spiel der Scheinvollkommenheit. Sie könnten dabei nicht nur Ihr Ziel verfehlen, sondern ebenso Ihren Realitätssinn verlieren. Es kann geschehen, daß Sie gerade dort gleichgültig werden, wo Sie hellwach oder engagiert sein sollten (weil Sie sich mit der Vollkommenheitsbrille auf der Nase in der Illusion wiegen, es sei alles auch ohne Ihren Einsatz perfekt). Der Unterschied ist ähnlich wie der zwischen Scheinheiligkeit und Heiligkeit. Bitte unterziehen Sie ihn einer tieferen Betrachtung, bevor Sie in die Übungsphase »Vollkommenheit« eintreten.

Übung 1.2: Affirmationen –
Die richtige Affirmation finden

Es kann sehr hilfreich sein, im Verlauf dieser Übungsphase mit Sätzen zu arbeiten, die die grundsätzliche Vollkommenheit bejahen. Aber Vorsicht: Erstens muß die gewählte Affirmation Ihnen genau entsprechen, und zweitens müssen Widerstände, die während der Arbeit mit der Affirmation auftreten, unbedingt beachtet werden (siehe Übung 1.3.2, »Mündliche Wiederholung«).

Um jene die Vollkommenheit bejahende Formulierung zu finden, die für Sie und für den betreffenden Übungszeitraum geeignet ist, bestehen nach meiner Kenntnis zwei Möglichkeiten:

1. Kontemplieren Sie Vollkommenheit (wie zuvor beschrieben oder auf Ihre Weise) und warten Sie ab, ob eine formulierte Erkenntnis in Ihrem Geist auftaucht, die Sie dann als Affirmation benutzen kön-

nen. Ich hatte beispielsweise einmal nach intensiver Meditation eine Erkenntnis, die sich in den knappen Worten »Es ist« formulierte, und ich mußte stundenlang ununterbrochen lachen, weil »es ist«. Irgendwie war die Erkenntnis der Vollkommenheit darin enthalten – allerdings keine glatte, schöne, nette Vollkommenheit, sondern eben einfach »es ist«. Später schickte mein höheres Selbst die Formel »Es ist, und es ist gut« als Affirmation. Wenn also während oder nach Ihrer Kontemplation von Vollkommenheit ein Gedanke in Ihnen erscheint, der Vollkommenheit ausdrückt (zum Beispiel: »Alles ist jederzeit vollkommen«), dann können Sie während dieser Übungsphase mit ihm arbeiten. Wiederholen Sie diesen Gedanken so häufig wie irgend möglich im stillen und laut, möglicherweise auch schriftlich. Bitte lesen Sie dazu noch die (folgende) Übung (1.3), »Die Arbeit mit Affirmationen«.

2. Eine andere Möglichkeit, die richtige Affirmation zu finden, ist: Betrachten Sie die nachstehende Liste von Sätzen. (Ergänzen Sie sie, wenn Sie wollen, durch eigene Formulierungen.) Seien Sie sich Ihres Atems bewußt, während Sie die Sätze lesen, und stellen Sie fest, ob sich bei einer dieser Formulierungen eine starke positive Emotion einstellt (etwa Freude, Erleichterung, Frieden, Sehnsucht). Wenn ja, so haben Sie eine Affirmation gefunden, mit der Sie wirksam arbeiten können.

Beispiele von Affirmationen zur Vollkommenheit:
    »Alles ist vollkommen so, wie es ist.«
    »Es ist, und es ist vollkommen.«

»Alles ist jederzeit und überall vollkommen.«

»Ich bin ein Ausdruck der göttlichen Vollkommenheit.«

»Jede meiner Regungen entsteht aus Vollkommenheit.«

»Vollkommenheit herrscht überall und immer.«

»Ab jetzt nehme ich immer und überall Vollkommenheit wahr.«

»Alles ist eingebettet in Vollkommenheit.«

»Vollkommenheit umfängt und trägt mich.«

»Ich erkenne Vollkommenheit auch in der größten Unvollkommenheit.«

»Was immer geschieht, es ist vollkommen.«

»Ich vertraue darauf, daß alles stets vollkommen ist.«

»In Wahrheit ist alles vollkommen.«

»Ich bin der vollkommene Ausdruck des einzigartigen göttlichen Gedankens, der ich bin.«

»Mein Leben, mein Körper und mein Gemüt spiegeln Vollkommenheit wider.«

»Vollkommenheit ist das Wesen meines Wesens und aller Wesen.«

»Hinter jedem Wesen und jedem Ereignis liegt Vollkommenheit.«

»Vollkommenheit ist das einzige, was existiert.«

»Ich gehe, arbeite, ruhe, denke und fühle in Vollkommenheit.«

»Ich fühle Vollkommenheit, wo immer ich bin.«

»Vollkommenheit drückt sich in jeder meiner Beziehungen aus.«

»Es ist vollkommen, es war immer schon vollkommen, und es wird immer vollkommen sein.«

»Alles ist Teil der göttlichen Vollkommenheit.«

Übung 1.3: Die Arbeit mit Affirmationen

Verschiedene Experten (zum Beispiel JOSEPH MURPHY, STUART WILDE, SHAKTI GAWAIN) empfehlen verschiedene Techniken. Eines ist allen gemein: die Wiederholung. Affirmationen sind positive Bejahungen, die stets aufs neue wiederholt werden, so lange, bis sie dem Unterbewußtsein einprogrammiert sind und aus der Tiefe heraus grundlegende Veränderungen Ihrer Wahrnehmungs- und Anschauungsweise und damit auch Ihres Lebens bewirken.

Wählen Sie unter den nachstehenden Vorschlägen einen aus, der Ihnen gefällt, oder kombinieren Sie mehrere.

Übung 1.3.1: Aufschreiben

• Schreiben Sie Ihre Affirmation täglich mindestens zwanzigmal auf. Bei jeder Niederschrift achten Sie darauf, ob protestierende, widersprechende oder höhnende Gedanken in Ihrem Inneren auftauchen. Sollte dies der Fall sein, so notieren Sie solche Eingebungen auf einem gesonderten Blatt Papier. Anschließend widmen Sie sich wieder der Niederschrift Ihrer positiven Affirmation.

• Wenn Sie fertig sind, betrachten Sie das Blatt mit den Widerspruchsgedanken. Spüren Sie ihrer Realität in Ihrer Psyche nach. Fühlen Sie sie. Fragen Sie sich, ob Sie bereit sind, diese Gedanken loszulassen. (Sie brauchen sie nicht mit Argumenten zu widerlegen; das ist ziemlich wirkungslos. Sie brauchen sie auch nicht loszulassen; das kann man nicht immer auf Befehl. Sie brauchen nur bereit zu sein, sie loszulassen.) Atmen Sie dann tief und geräuschvoll, eventuell mit einem befreienden Seufzer, aus, und werfen Sie das Papier in den Müll.

- Betrachten Sie dann das Blatt mit den Wiederholungen Ihrer positiven Affirmation und saugen Sie das durch sie vermittelte Grundgefühl zufrieden in sich hinein.

Wiederholen Sie diese Prozedur (sie dauert nur wenige Minuten) täglich, und zwar mit Leichtigkeit, ohne Nachdruck und ohne hinterheriges Grübeln (das ist wichtig!).

Wenn keine Widerspruchsgedanken mehr auftauchen, notieren Sie einfach weiterhin Ihre Affirmation.

Jedesmal, wenn Sie mit der Arbeit fertig sind, genießen Sie Ihr Werk (den Zettel mit der Wiederholung der Affirmation). Wenn Sie die Bejahung mit dem Gefühl von Zufriedenheit in sich aufgenommen haben, dürfen Sie den Zettel wegwerfen. Sie können die Zettel aber auch sammeln, bis diese Übungsphase beendet ist.

Übung 1.3.2: Mündliche Wiederholung

- Nehmen Sie sich täglich fünf Minuten Zeit, um Ihre Affirmation laut zu wiederholen. Tun Sie das mit aller Konsequenz: fünf Minuten, nicht mehr und nicht weniger, aber jeden Tag.
- Nach jeder einzelnen Wiederholung legen Sie eine kurze Pause ein, während der Sie Ihren Atem wahrnehmen. Tauchen Widerstände auf, nehmen Sie diese zur Kenntnis, fühlen die damit verbundene Emotion, erfassen sie mit Ihrem Atem.

- Atmen Sie dann mit einem Gefühl der Entspannung aus, und wiederholen Sie die positive Affirmation erneut.
- Beenden Sie die Übung nicht mit einem Widerspruchsgedanken, sondern mit der positiven Affirmation. Atmen Sie ihre Essenz ein und genießen Sie sie.
- Wenden Sie sich dann schnell, mit Leichtigkeit und ohne weiter über Ihre Affirmationsarbeit nachzudenken, Alltäglichem zu.

Übung 1.4: Affirmation im täglichen Leben

Nehmen Sie sich vor, von nun an für die Zeit der Übung jedes Ereignis in Ihrem Leben innerlich mit dem Gedanken »Es ist alles vollkommen« beziehungsweise mit der von Ihnen gewählten Affirmation zu kommentieren. Was immer geschieht, sei es ein Glücksfall oder eine Katastrophe, denken Sie: »Es ist alles vollkommen« oder einen anderen Vollkommenheitsgedanken. Auftauchende Widerspruchsgedanken nehmen Sie wahr, ohne sie zu bekämpfen, aber oder auch ohne sich von ihnen gleichsam hypnotisieren zu lassen. Hier ist ebenfalls wichtig: Bitte keinen Druck oder Nachdruck ausüben. Leichtigkeit und Schnelligkeit sind der Schlüssel zum Erfolg. Die Aufgabe besteht nicht darin, mit sich selbst zu argumentieren oder sich zu zwingen, etwas zu glauben. Es ist nur eine Übung. Am besten betreibt man sie wie ein Spiel. Die Wirkung entfaltet sich dann von selbst.

Ergänzende Möglichkeiten: Schreiben Sie Ihre Affirmation auf kleine Zettel und bringen Sie sie an Stellen an, auf die Sie täglich mehrmals stoßen. Sie können sie auch unters Kopfkissen oder in Ihre Schuhe legen.

Und, noch einmal: Denken Sie abends vor dem Einschlafen als letztes an Ihre Affirmation und stellen Sie sich darauf ein, daß sie am nächsten Morgen Ihr erster Gedanke ist.

Zusammenfassung der Übungsphase 1 (Vollkommenheit)

Grundsätzliche Einstellung des Bewußtseins auf Vollkommenheit
- Der Möglichkeit, daß grundsätzlich alles vollkommen ist, in seinem Denken Raum geben.
- Beobachten, ob man Anzeichen dieser Vollkommenheit wahrnehmen kann.
- Seine Antennen auf Vollkommenheit ausrichten.

Beginn der Übungsphase
- Eröffnungskontemplation (Übung 1.1).
- Den Unterschied zwischen Vollkommenheit und Scheinvollkommenheit kontemplieren.
- Möglicherweise eine Affirmation finden (Übung 1.2).

Täglich praktizieren
- Den in der Eröffnungskontemplation gewonnenen Code benutzen, um damit das Bewußtsein auf Vollkommenheit auszurichten (Übung 1.1.1).
- Die gewählte Affirmation stets wiederholen (Übungen 1.3, 1.3.1, 1.3.2 und 1.4).

2

Ein solides Fundament bauen:
Die Erdung

Sie wollen hoch hinauf, zu Ihrem höheren und höchsten Selbst. Ein Baum, der hoch wachsen will, muß seine Wurzeln tief in die Erde senken. Bevor Sie nach dem streben, was jenseits der physischen Welt im »Himmel« liegt, müssen Sie sich fest in der Physis verankern, sonst kann der leichteste Sturm Sie umwerfen. Viele Menschen, die sich zu sehr mit den spirituellen Aspekten beschäftigen und darüber den Körper und die Tatsachen der physischen Welt vernachlässigen, verlieren das Gleichgewicht und finden sich verwirrt als Opfer gewaltiger emotionaler Stürme wieder. Ich kenne das aus eigener Erfahrung und kann nicht genug davor warnen.

Deshalb bitte ich Sie, zu Beginn Ihrer Reise zum höheren Selbst die nachfolgenden Schritte zu Ihrer Erdung zu unternehmen und zu ihnen (oder zu anderen Erdungstechniken) auch später regelmäßig zurückzukehren.

Legen Sie während dieser gesamten Übungsphase bitte besonderen Wert auf »erdende« Tätigkeiten. Wenn Sie ohnehin Handwerker, Landwirt oder vielbeschäftigte Hausfrau sind, haben Sie das natürlich nicht nötig. Wichtig ist dieser Aspekt vor allem für Geistes- und Büroarbeiter. Erdende Tätigkeiten in diesem Sinne sind zum Beispiel Gartenarbeit, ein Handwerk, Hausarbeit, auch alle Arten von Körpertraining. Hervorragend eignet sich die Arbeit mit Lehm (Töpfern, Modellieren). Widmen Sie während der Übungsphase »Erdung« Beschäftigungen dieser Art viel Zeit und Aufmerksamkeit.

Übung 2.1: Wurzeln schlagen

- Stellen Sie sich aufrecht und entspannt (und möglichst barfuß) hin, die Füße parallel zueinander in einem Abstand, der Ihnen bequem ist, die Knie nicht ganz durchgedrückt.
- Entspannen Sie sich. Spüren Sie, wie Ihr Körpergewicht auf den Fußsohlen ruht. Schaukeln Sie ein wenig nach vorne, nach hinten und zur Seite, um das Gewicht gleichmäßig zu verteilen.
- Stehen Sie dann wieder still und entspannen Sie sich.
- Stellen Sie sich vor, Ihr Gewicht sinke nach unten, in die Fußsohlen hinein. Fühlen Sie den Magnetismus der Erde, der Ihre Füße an den Boden saugt.
- Und nun »schlagen Sie Wurzeln«. Wie Sie das anfangen, überlasse ich Ihrer Vorstellungskraft. Verwurzeln Sie sich so tief und gründlich, wie es Ihnen möglich ist, in der Erde.
- Schließen Sie die Übung ab, indem Sie scharf durch die Nase atmen und sich dabei Ihres ganzen Körpers bewußt werden.

Führen Sie die Übung während der Übungsphase »Erdung« mindestens einmal täglich aus.

Übung 2.1.1: Fußsohlen-Übung für den Alltag

- Wenn Sie gehen, stehen oder sitzen, seien Sie sich oft, beziehungsweise wann immer es Ihnen einfällt, Ihrer Fußsohlen und des Bodenkontakts bewußt.
- Laufen Sie barfuß, so oft wie irgend möglich, auch im Freien. Selbst im Winter ist es gut, einige Schritte barfuß über den kalten Erdboden, durch das nasse Gras oder durch den Schnee zu gehen und dann schnell wieder in die warmen Strümpfe und Schuhe zu schlüpfen.

Übung 2.1.2: Präsent sein

- Üben Sie, in Ihrem Körper präsent und wach zu sein und Ihre Aufmerksamkeit auf das zu konzentrieren, was Sie gerade tun – anstatt auf Gedanken, die Sie von Ihrer augenblicklichen körperlichen Realität forttragen. Wann immer es Ihnen einfällt (schaffen Sie sich Erinnerungsstützen, damit es Ihnen oft einfällt!), holen Sie sich ins Hier und Jetzt und in Ihren Körper zurück. Anstatt ununterbrochen zu denken, reservieren Sie besondere Zeiten fürs Nachdenken, Zeiten, in denen Sie nichts tun als denken.

Übung 2.1.3: Auf Sinneswahrnehmungen achten

- Widmen Sie Ihren Sinneswahrnehmungen mehr Aufmerksamkeit. Fühlen Sie die Luft über Ihre

Haut streifen, nehmen Sie Ihr Körpergefühl wahr, achten Sie auf Gerüche, Geräusche, Berührungen.

Übung 2.2: Erneuern Sie Ihren Bund mit dem Leben

Viele gerade der spirituell orientierten Zeitgenossen sind auf unserem Planeten noch nicht richtig gelandet, sozusagen nicht vollständig inkarniert. An der Energiestruktur solcher Menschen kann man wahrnehmen, daß sie überwiegend in den oberen Bereichen ihres Körpers anwesend sind, während die energetische Präsenz nach unten, zum Bauch und zu den Füßen hin, immer geringer wird.

Dahinter kann sich vieles verbergen. Meiner Erfahrung nach ist es meistens Angst – Angst davor, sich auf das Abenteuer »Erdenleben« ganz einzulassen. Die Bedingungen erscheinen zu hart; man könnte verletzt werden; man möchte sich nicht im Körper einsperren; Erde, Boden, Körper sind etwas Unheimliches oder Unreines; man fürchtet die Begrenzung, die unweigerlich mit der »Verkörperung« verbunden ist, und so fort.

- Prüfen Sie, wie Sie grundsätzlich zum Leben als Frau oder Mann auf der Erde stehen. Beobachten Sie während einer von Ihnen festgesetzten Zeitspanne (zum Beispiel zwei Wochen) Ihre Gedanken und emotionalen Reaktionen im täglichen Leben bezüglich dieser Frage. Welche Grundüberzeugungen hegen Sie hinsichtlich des Lebens im Körper/auf der Erde/als Mann/als Frau?

- Sie können sich auch täglich oder zweimal pro Woche hinsetzen, um diese Fragen ausführlicher zu kontemplieren. Beobachten Sie nicht nur, welche Gedanken dazu auftauchen, sondern vor allem auch, welche Gefühle. Versuchen Sie nicht, die Fragen zu beantworten; beobachten Sie vielmehr, welche Antworten von selbst kommen. Stellen Sie sich einfach die Frage und warten Sie ruhig und Ihrer Atmung bewußt (!) ab, was sich im Anschluß daran in Ihrem Bewußtsein abspielt.

- Wenn Sie negative Einstellungen zum Erdenleben an sich oder zu Ihrem Leben auf der Erde entdecken sollten, so versuchen Sie bitte nicht, sie zu korrigieren. Notieren Sie sie, nehmen Sie sie zur Kenntnis und beobachten Sie weiterhin: In welcher Weise äußert sich die negative Grundüberzeugung in Ihren Gedanken, Reaktionen und Handlungen? Welche weiteren Bezeugungen gehen von ihr aus, welche ganz grundsätzliche Überzeugung liegt ihr möglicherweise zugrunde?

- Gegen Ende Ihrer Übungszeit (Sie können die Zeitspanne verlängern, wenn Sie bemerken, daß das Thema noch nicht abgeschlossen ist) notieren Sie auf einem Blatt Papier alle entdeckten negativen Grundüberzeugungen in bezug auf das Leben. Versuchen Sie zu erkennen, ob zwischen den verschiedenen Überzeugungen ein Zusammenhang besteht, ob Sie eine Struktur sehen können. Vielleicht ist es auch nur eine einzige negative Grundüberzeugung, die sich herauskristallisiert hat. (Wenn Sie keine entdeckt haben, sind Sie ein

Glückspilz und brauchen die sich nun an-
schließende Übung nicht durchzuführen.)

Übung 2.2.2: Die Arbeit mit negativen Grund-
überzeugungen in bezug auf das Leben
auf der Erde

Für diese Übung nehmen Sie sich Zeit. Sie dauert
wahrscheinlich nicht länger als 45 Minuten oder eine
Stunde, aber Sie sollten einen Zeitraum von zwei bis
drei Stunden dafür reservieren.

- Nehmen Sie eine Meditationshaltung ein.
- Erden Sie sich: Fühlen Sie Ihr Körpergewicht,
  fühlen Sie den Bodenkontakt, machen Sie sich die
  Anziehungskraft des Planeten bewußt, die Sie am
  Boden hält. Stellen Sie sich eine energetische Na-
  belschnur vor, welche die unterste Stelle Ihres
  Rumpfes mit dem Mittelpunkt der Erde verbindet.
- Öffnen Sie das Tor zum Himmel, indem Sie mit Ih-
  rer Aufmerksamkeit zum höchsten Punkt Ihres
  Körpers im Scheitelbereich wandern und sich dort
  eine Öffnung vorstellen, durch die Licht von oben
  hereinströmt.
- Entspannen Sie sich. Beobachten Sie eine gute
  Weile lang Ihren Atem. Vergegenwärtigen Sie sich
  jeden einzelnen Atemzug. Nehmen Sie wahr, wie
  sich die Bauchdecke beim Einatmen hebt und
  beim Ausatmen senkt.
- Vergegenwärtigen Sie sich nun Ihre zentrale negative Grundüberzeugung in bezug auf das Leben.
  Denken Sie den entsprechenden Satz (zum Beispiel »Das Leben macht mir angst«). Nehmen Sie
  weiterhin Ihren Atem wahr. Beobachten Sie, was

in Ihrem Körper geschieht, während Sie diesen Gedanken denken. Beobachten Sie, was in Ihrem Bewußtsein geschieht, während Sie ihn denken. Beobachten Sie, welche Gefühle dabei auftauchen, welche Bilder, welche Erinnerungen. Vergessen Sie nicht, sich Ihres Atems bewußt zu bleiben. Halten Sie den negativen Gedanken im Bewußtsein, atmen Sie und beobachten Sie genau, was geschieht. Wenn heftige Emotionen auftreten oder starke Körperempfindungen, atmen Sie besonders bewußt.

- Was immer Ihr Unterbewußtsein heraufbefördert, ob es Gefühle sind, Körperempfindungen, weitere negative Gedanken, Erinnerungen: Nehmen Sie es an. Heißen Sie es willkommen. Betrachten Sie es voller Mitgefühl. Umarmen Sie Ihren Schmerz, Ihre Wut, Ihren Zorn, Ihre Angst, Ihre Trauer. Der Atem hilft Ihnen, verdrängtes Material heraufzubringen, und er hilft Ihnen auch, es loszulassen. Ihre Aufgabe während dieser Übung besteht nur darin, zu atmen und zu beobachten.

- Sie werden fühlen, wann diese Phase der Beobachtung beendet ist. Heben Sie dann Ihre Aufmerksamkeit in Ihr Herz (Ihr energetisches Herzzentrum in der Mitte der Brust). Setzen Sie den Atem ins Herz, ziehen Sie sich ganz in Ihr Herz zurück. Stellen Sie sich vor, im Herzen Licht einzuschalten (oder stellen Sie darin eine Kerze auf, die sehr hell leuchtet). Lassen Sie es warm und hell werden in Ihrem Herzen.

- Werden Sie sich wieder Ihres Scheitelchakras (Energiezentrum am höchsten Punkt Ihres Kopfes) bewußt und lassen Sie von dort aus Licht in das Herz herabströmen. Transformieren Sie dieses Licht zu Wärme und Liebe und leiten Sie es aus dem Herzen weiter nach unten, in den Solarplexus, in den Bauch, in den unteren Beckenbereich, in die Beine und Füße. Lassen Sie es dann weiterströmen in die Erde.

• Atmen Sie nun mit dem Herzen weiter und beobachten Sie, ob sich irgendein Ansatz für eine neue, positivere Überzeugung zeigt, der in Ihrem Inneren aufsteigen möchte. Wenn es nicht der Fall ist, belassen Sie es dabei; seien Sie froh und dankbar, endlich Licht in die dunklen Zonen Ihrer Psyche gebracht zu haben; das reicht. Die Heilung vollzieht sich danach ganz von selbst.

Sollte jedoch eine neue, positive Überzeugung in bezug auf das Leben in Ihnen aufsteigen (bitte bemühen Sie sich auf keinen Fall, eine zu erarbeiten!), dann formulieren Sie sie, denken Sie sie, während Sie mit dem Herzen atmen, nehmen Sie ihre Essenz in sich auf. Erinnern Sie sich fortan täglich daran.

Übung 2.3: Verbinden Sie sich mit der Natur

• Intensivieren Sie Ihren Kontakt mit der Natur. Wenn Sie in der Stadt leben, begeben Sie sich so oft wie möglich in die alten Parks, die in Ihrer Stadt hoffentlich irgendwo zu finden sind, oder aus der Stadt hinaus in Gegenden mit Wald und Wiesen. Wenn irgend Gelegenheit dazu besteht, baden Sie in Naturseen oder erfrischen Sie sich in Wildbächen. Laufen Sie barfuß, setzen Sie sich im

Freien öfter auf eine Wiese, einen Baumstumpf oder einen Stein als auf eine Bank. Gehen Sie im Wald spazieren – ziehen Sie dazu Schuhe mit weichen Sohlen an, die es Ihnen erlauben, sehr leise aufzutreten, und üben Sie, innerlich mucksmäuschenstill zu sein und aufmerksam auf alle Geräusche und sonstigen Wahrnehmungen zu achten.

Üben Sie, die Gegenwart von Tieren, Bäumen und anderen Pflanzen nicht nur mit den äußeren Sinnen wahrzunehmen, sondern auch mit den feineren inneren Sinnen zu spüren. Begrüßen Sie einen Baum, der Sie besonders anzieht, versuchen Sie, mit ihm Kontakt aufzunehmen. Seien Sie sich dessen bewußt, daß nicht nur Sie ihn wahrnehmen, sondern der Baum auch Sie wahrnimmt.

Das sind einige Hinweise, als Anregungen zu eigenen Unternehmungen gedacht.

Wenn Sie tatsächlich keine oder nur sehr begrenzte Möglichkeiten haben sollten, sich in Parks, Wäldern, Wiesen, am Meer oder in den Bergen aufzuhalten, dann können Sie die Verbindung mit der Natur auch geistig pflegen.

Innerhalb des Geistes bestehen keine Grenzen. Materie ist in ihrer Tiefe letztlich auch nichts anderes als Geist; diese Erkenntnis haben die fortgeschrittensten Wissenschaftler unserer Zeit formuliert.

Wenn Sie sich in einem Zimmer im fünften Stock eines Betonhochhauses befinden, so sind Sie deshalb nicht vom übrigen Raum innerhalb der Erdatmosphäre und auch nicht vom Rest des Universums getrennt.

- Sie können die Wurzelübung durchführen, die zu Beginn dieses Kapitels geschildert wurde, und Ihre Verbindung zum Planeten spüren (dessen Anziehungskraft ja durch fünf Stockwerke hindurch auf Sie wirkt, sonst würden Sie im Zimmer herumschweben).
- Ebenso können Sie Ihr Bewußtsein über Ihr Zimmer und Ihr Haus hinaus ausdehnen und Fühlung sowohl mit der unmittelbaren Umgebung als auch mit dem übrigen Kosmos aufnehmen. Sobald Sie das versuchen, fließt Ihnen frische Energie zu, und Sie fühlen sich wieder mehr mit der Welt außerhalb Ihrer vier Wände verbunden.
- Dann können Sie beginnen, mit Ihrer Vorstellungskraft in die Natur zu reisen. Wandern Sie in den Bergen umher, laufen Sie barfuß über eine Wiese, riechen Sie das Gras, die Blüten, die Erde, fühlen Sie den Boden unter Ihren Füßen und den Wind auf der Haut – in Ihrer Vorstellung.

Übung 2.4: Erkenntnisse erden

Dieser Aspekt der Erdung ist von zentraler Wichtigkeit. Bitte erinnern Sie sich immer wieder an ihn.

Die schönsten Erkenntnisse nutzen wenig, wenn sie nicht geerdet werden. Erkenntnis, die nur im Kopf stattfindet, ist nur halb – ein körperloses Gespenst, das durch unser Hirn geistert, ohne daß unser ganzes Wesen und unser Leben davon erfaßt und verwandelt werden.

Wenn Sie in Ihren Meditationen und sonstigen Kontakten mit Ihrem höheren Selbst neue Erkenntnisse gewinnen, so versäumen Sie daher bitte nicht, sie zu konkretisieren. Dies geschieht zunächst in Ihrer Vorstellung.

- Malen Sie sich bei jeder neugewonnenen Erkenntnis sogleich aus, wie diese Erkenntnis Sie und Ihr Leben verändert. (Wenn es sich um eine in der Meditation gewonnene Erkenntnis handelt, sollte es am Ende Ihrer Meditation erfolgen.) Malen Sie es sich so konkret wie möglich aus, genießen Sie die Vorstellung, im Besitz Ihrer neuen Erkenntnis ein anderer Mensch zu sein, anders zu handeln, zu denken, zu sprechen, eine andere Wirkung auf die Umgebung zu erzielen, eine andere Rückmeldung vom Leben zu bekommen. Betrachten Sie das nicht nur wie einen Film, sondern seien Sie selbst inmitten Ihrer Vorstellung. Nehmen Sie wahr, wie es ist, von der Stimmung durchdrungen zu sein, die mit Ihrer neuen Erkenntnis verbunden ist. Fühlen Sie es. Wenn Ihnen das gelingt, verändern sich auch Ihre Körperhaltung und Ihr Gesichtsausdruck.
- Verankern Sie dieses Imaginationserlebnis fest in Ihrem Bewußtsein, bevor Sie Ihre Meditation beenden.

Übung 2.4.1: Erkenntnisse umsetzen

- Ein zweiter Schritt schließt sich an: Üben Sie, im täglichen Leben Ihrer Erkenntnis gemäß zu handeln und zu denken. Fordern Sie das nicht von sich, sondern probieren Sie es einfach aus. Betrachten Sie es als Experiment. Trägt die Wahrheit, die Sie entdeckt haben? Hält sie stand? Kann ich es wagen, ihr gemäß zu handeln? Was geschieht, wenn ich es tue? Prüfen Sie, üben Sie, probieren Sie. Wenn es Ihnen im großen nicht gelingt, weil Sie Angst haben, üben Sie im kleinen oder umgekehrt.

Übung 2.5: Durch den Tod das Leben lieben lernen

Unser Leben kann in jedem Augenblick zu Ende sein. Wer kennt schon den Zeitpunkt seines Todes? Wer weiß schon, ob er friedlich im Bett entschlummern wird oder plötzlich tot umfallen?

Wie kostbar, wie großartig das Leben auf der Erde ist, das begreift man oft erst, wenn es vorbei sein soll. Menschen, die dem Tod »von der Schippe gesprungen« sind, beginnen plötzlich, das Leben zu lieben und es zu wagen, sich mit Haut und Haar auf das Abenteuer der Inkarnation einzulassen. Was kann schon passieren? Was haben wir zu verlieren? Das Leben ist wie ein Traum: Schlimmstenfalls wacht man auf.

- Stellen Sie sich vor, ein Arzt oder eine andere glaubwürdige Autorität würde Ihnen sagen, Sie hätten nur noch kurze Zeit zu leben. Versenken Sie sich einmal in diese Vorstellung. Was würden Sie tun? Denken Sie nicht oberflächlich darüber nach, betrachten Sie es gründlich. Legen Sie das Buch zur Seite und schließen Sie die Augen.

Nun, Sie sind tatsächlich in dieser Lage. Sie haben wirklich nicht mehr viel Zeit. Ganz gleich, ob Sie morgen sterben oder in sechzig Jahren – es ist immer bald. Sich mit dieser Tatsache vertraut, sich den Tod zur Realität zu machen, kann einem den Mut geben, seinen Bund mit der Erde zu erneuern. Wir sind Besucher auf diesem Planeten; wir bleiben nicht lange; wir sind zu einem bestimmten Zweck hier. Vielleicht kennen wir diesen Zweck nicht; aber wir kennen unsere Sehnsüchte, unsere Träume, unsere Wünsche, unsere Ideale. Sie sind der Grund, warum wir hier sind. Sie wollen verwirklicht werden.

Wagen wir es!

Zusammenfassung der Übungsphase 2 (Erdung)

Täglich einmal ausführen
• »Wurzeln schlagen« (Übung 2.1).

Übungen für den Alltag
• Fußsohlen und Bodenkontakt spüren; oft barfuß laufen (Übung 2.1.1).
• Im Körper präsent und wach sein (Übung 2.1.2).
• Den Sinneswahrnehmungen verstärkte Aufmerksamkeit widmen (Übung 2.1.3).

Zwischenphase
• Seine grundsätzliche Einstellung zum Leben auf der Erde/im Körper/als Mann/als Frau prüfen (Übung 2.2).
• Zwei- bis dreimal wöchentlich diese Einstellung tief und eingehend kontemplieren (Übung 2.2.1).
• Mit den eventuell vorhandenen negativen Grund-

überzeugungen zu diesem Thema arbeiten (Übung 2.2.2).

Während der gesamten Übungsphase »Erdung«
- Den Kontakt mit der Natur intensivieren (Übung 2.3).
- Erdende Tätigkeiten ausüben.
- Erkenntnisse erden: Bei jeder neugewonnenen Erkenntnis sich konkret vorstellen, wie man selbst, das eigene Leben und Umfeld von ihr verändert wird (Übung 2.4).
  In kleinen Schritten im täglichen Leben üben, entsprechend den neugewonnenen Erkenntnissen zu handeln (Übung 2.4.1).

Abschlußthema der Übungsphase »Erdung«
- Sich mit dem Tod vertraut machen und durch den Tod das Leben lieben lernen (Übung 2.5).

3

Den Boden bereiten:
Meditation

Wir haben uns ausgerichtet; wir haben ein solides Fundament gebaut; nun kann es beginnen.

Wahrscheinlich haben Sie eine Idee von dem, was Ihr höheres Selbst ist. Durch die Übungen in diesem Kapitel soll aus der Idee lebendige Erfahrung werden. Wir benutzen eine Methode, um dieser Erfahrung den Boden zu bereiten (erzwingen kann man sie nicht), und das ist die Meditation.

Die Meditation ist eine Möglichkeit, das Bewußtsein von seiner Begrenzung auf die Wahrnehmung der physischen Ebene und auf die mit ihr verbundene Denkweise (= Interpretation von Wahrnehmung) zu befreien, um höhere Ebenen zu berühren. Dabei müssen wir unsere übliche Art der Betrachtung hinter uns lassen. Denn das, was wir zu erfassen versuchen – höhere Ebenen unserer Wirklichkeit, also das höhere Selbst –, ist ja nicht etwas anderes als wir selbst, es ist nichts außerhalb von uns, sondern wir sind es selbst. Deshalb können wir unser höheres Selbst nicht suchen, finden und wahrnehmen wie etwa einen verlegten Schlüssel oder ein Organ unseres Körpers. Sondern es ist eher so, daß unser Bewußtsein, die körpergebundene Persönlichkeit mit Namen

55

XY zu sein, verblassen muß, damit das höhere Selbst zutage treten kann – das wir selbst sind. Wir betrachten nicht das höhere Selbst, sondern wir schauen durch seine Augen.

Nun zur Technik. Ich gehe davon aus, daß Sie mit der Methode der Meditation nicht oder nur wenig vertraut sind (oder, wenn Sie bereits meditieren, bereit sind, etwas Neues zu lernen). Deshalb schlage ich Ihnen vor, erst einmal eine bestimmte, von Ihnen festgesetzte Zeitspanne (zum Beispiel einige Wochen) für die tägliche Übung einer einfachen, grundlegenden Meditationstechnik zu reservieren, die einerseits für sich stehen kann und andererseits die Grundlage der weiteren Schritte bildet.

Übung 3.1: Eine Grundtechnik der Meditation

* Nehmen Sie eine Meditationshaltung ein. (Legen Sie auf den Fußboden eine bequeme Unterlage und darauf ein oder zwei hohe Kissen, auf denen Sie mit geradem Rücken sitzen. Das eine Bein ist vor dem Oberkörper angewinkelt, das andere ruht, ebenfalls angewinkelt, auf diesem Bein. Auch eine andere aufrechte Sitzhaltung, die angenehm ist, eignet sich. Der Körper soll entspannt sein. (Sind Sie ans Bett gebunden, können Sie auch im Liegen meditieren.)
* Lassen Sie Anspannung, Ärger und Sorge gehen, indem Sie einige Male ausgiebig seufzen.
* Richten Sie Ihr Rückgrat auf; sitzen Sie aufrecht und entspannt.
* Erden Sie sich: Stellen Sie sich eine Art energeti-

scher Nabelschnur oder Wurzel vor, die vom untersten Punkt Ihres Rumpfes bis zum Mittelpunkt der Erde reicht. Fühlen Sie den Bodenkontakt. Spüren Sie Ihr Körpergewicht. Entspannen Sie sich.

- Richten Sie noch einmal mit einer feinen Bewegung Ihr Rückgrat auf. Lenken Sie Ihre Aufmerksamkeit auf den obersten Punkt Ihres Körpers im Scheitelbereich. Lassen Sie Ihre Wahrnehmung dort eine Weile ruhen. Nun stellen Sie sich eine Verbindung vor, die von diesem obersten Punkt Ihres Körpers bis hoch hinauf in den Himmel reicht.
- Fühlen Sie die Verbindung zwischen diesem obersten und dem untersten Punkt Ihres Rumpfes.
- Richten Sie Ihre Aufmerksamkeit auf Ihren Bauch. Nehmen Sie wahr, wie Ihr Atem die Bauchdecke hebt und senkt. Achten Sie auf *jedes* Heben und *jedes* Senken. Richten Sie sich darauf ein, für einige Minuten in dieser Wahrnehmung zu verweilen. Sie haben Zeit. Sie dürfen sich entspannen. Sie können die Welt und all Ihre Sorgen, Befürchtungen, Pläne, Ärgernisse und dergleichen für eine gute Weile hinter sich lassen und sich gönnen, einfach nur da zu sein. Sie haben nichts zu tun; Sie haben Freizeit. Das Atmen geschieht von selbst; Sie nehmen dieses Geschehen lediglich wahr. Wann immer Sie bemerken, daß Sie abgeschweift sind, nehmen Sie kurz wahr, was Gegenstand Ihrer Gedanken war, und kehren Sie zur Beobachtung des Atems zurück. Dies ist keine anstrengende Konzentrationsübung; es ist die absolute Erholung. Genießen Sie sie!
- Beenden Sie Ihre Meditation nach der vorher von

Ihnen festgelegten Zeit oder wann immer Sie möchten, indem Sie die Handflächen vor der Körpermitte zusammenlegen und sich verneigen. Damit sammeln Sie Ihre Energie, bevor Sie sich wieder der Aktivität zuwenden.

Natürlich können Sie Ihre Meditation auch mit einer anderen Geste Ihrer Wahl abschließen; aber bitte beenden Sie sie stets ausdrücklich. Ohne Schlußsignal und bewußtes Zurückkommen riskieren Sie, nach der Meditation zerstreut zu sein.

Wenn Sie diese Grundtechnik der Meditation mindestens vierzehn Tage lang täglich (oder jedenfalls mehrmals pro Woche) geübt haben, sind Sie bereit, einen Schritt weiterzugehen.

Übung 3.2: Meditation »Zum wahren Selbst erwachen«

- Versetzen Sie sich in einen meditativen Zustand, wie in der Grundmethode (Übung 3.1) beschrieben.
- Nachdem Sie einige Minuten lang dem Auf und Ab des Atems in Ihrem Bauch gefolgt sind und sich gründlich entspannt und beruhigt haben, lehnen Sie sich in Ihrem Körper zurück wie in einem Sessel. Das heißt, Sie verlagern Ihr Gefühl, im Körper anwesend zu sein, mehr in die hintere Körperhälfte. Sie treten damit aus dem Fluß des Geschehens zurück und in einen zeitlosen Zustand ein.
- Genießen Sie diesen Zustand eine Weile. Wann im-

mer Sie sich in Gedanken verlieren oder Ungeduld verspüren, sind Sie wieder nach vorn gerutscht. Lehnen Sie sich dann von neuem in Ihrem Körper nach hinten und entspannen Sie sich. Nehmen Sie das Auf und Ab Ihres Atems im Bauch wahr.

- Betrachten Sie nun aus dieser distanzierten und gleichmütigen Perspektive Ihr Leben. Lassen Sie es an sich vorbeiziehen wie einen Film; lassen Sie den Film einmal vorwärts, einmal rückwärts laufen. Vertiefen Sie sich nicht in auftauchende Erinnerungen. Lassen Sie sich nicht in die Gedanken und Bilder Ihres Films hineinziehen. Bleiben Sie zurückgelehnt, halten Sie Distanz, nehmen Sie Ihren Atem wahr und betrachten Sie den Film von Ihrem Leben.

- Lassen Sie den Film vorlaufen, bis er bei dem gegenwärtigen Augenblick Ihres Lebens angelangt ist.

- Schalten Sie den Film ab. Erwachen Sie zu sich selbst.

- Sollte diese Filmtechnik Ihnen nicht zusagen, wählen Sie das Bild eines Buches. Sehen Sie Ihr Leben wie einen Roman. Blättern Sie darin, betrachten Sie verschiedene Kapitel. Wenn Sie bei dem Kapitel angelangt sind, das den gegenwärtigen Moment enthält, klappen Sie das Buch zu. Erwachen Sie zur Realität.

- Was an diesem Punkt geschieht, kann ich nicht vorwegnehmen; was immer es ist, bemerken Sie es bewußt. Das Gefühl des Erwachens mag deutlich oder vage sein; wie es auch ist, verharren Sie darin, bis Sie das Gefühl haben, daß die Meditation abgeschlossen ist.

- Kehren Sie zur Wahrnehmung Ihres Atems im Bauch zurück.
- Beenden Sie auch diese Meditationsübung mit einer Geste.

Sie können diese Übung jederzeit wiederholen, es ist sogar sehr empfehlenswert. Einmal wird sie wunderbar »funktionieren«, ein anderes Mal überhaupt nicht. Aber darauf kommt es nicht an. Sie üben Ihr Bewußtsein darin, sich von der völligen Identifikation mit Ihrer Person zu lösen und zu höheren Ebenen Ihrer Realität zu erwachen.

Das höhere Selbst ist das, was Sie vor Ihrer Geburt waren, jetzt sind und nach Ihrem Tod sein werden. Es ist das, was den Film Ihres Lebens inszeniert, gestaltet, die Hauptrolle darin spielt und gleichzeitig im Zuschauerraum sitzt. Während Sie den Film *Gandhi* mit Ben Kingsley in der Hauptrolle sehen, vergessen Sie, daß Ben Kingsley auf der Leinwand agiert; Sie sehen nur Gandhi. Vielleicht hat Ben Kingsley auch während des Drehens für Augenblicke vergessen, daß er Ben Kingsley ist, und sich mit Gandhi identifiziert. Aber nachher weiß er und wissen wir wieder, daß er nicht Gandhi ist; er hat nur diese Rolle gespielt.

Ähnlich ist es mit dem höheren Selbst und mit unserer Persönlichkeit. Wir sind nicht die Person. Wir haben sie uns angezogen wie ein Kostüm, allerdings eines, mit dem wir innigst verschmelzen und das wir durchdringen, das wir von Augenblick zu Augenblick verändern und das uns seinerseits bereichert und erweitert. Wir füllen es mit unserem Bewußtsein aus und stellen durch es einen Aspekt unserer selbst (des höheren Selbst) mehr oder weniger deutlich dar. Natürlich lernen wir und wachsen an unserer Rolle; wir lernen nicht nur als Schauspieler und als Zuschauer, sondern auch als Autoren und Regisseure, denn das Drehbuch unseres Lebens ist nicht ein für allemal festgeschrieben, sondern es ist dynamisch und kann jederzeit verändert oder ergänzt werden.

Aber all das ist blasse Theorie, solange man nicht selbst Einblick in diese Zusammenhänge gewinnt. Genau dazu kann die vorstehende Übung Ihnen verhelfen.

Wenn Sie sie einige Male praktiziert haben, können Sie sie mit einer Atemübung wie der folgenden ergänzen.

Übung 3.2.1: Langsames Atmen

- Nachdem Sie sich in einen meditativen Zustand versetzt haben, wie in der Grundübung beschrieben, verlangsamen Sie nach und nach behutsam Ihre Atmung, indem Sie das Ausatmen verlängern und das Einatmen von selbst geschehen lassen. (Verlängern Sie das Ausatmen nur sachte, ohne sich zu verkrampfen und Gewalt anzutun! Sobald es anstrengend wird, kehren Sie zur natürlichen Atmung zurück, beobachten diese und verlängern sie von neuem auf ganz behutsame Weise.)
- Wenn das langsame Atmen eine gewisse Mühelosigkeit erreicht hat, beginnen Sie, nach dem Einatmen eine Atempause einzulegen. Halten Sie sozusagen auf dem Gipfel des Einatmens inne und stoppen Sie jegliche Tätigkeit, auch die der Gedanken. Das ist der Moment, in dem Sie die Chan-

ce haben, zu sich zu kommen, aus dem Roman Ihres Lebens zu erwachen (und sich vielleicht die Frage zu stellen: »Was tue ich hier eigentlich?«).

- Wenn Sie dann ausatmen, gehen Sie wieder in Ihr Leben als Person hinein.
- Wenn Sie erneut einatmen, ziehen Sie sich langsam daraus zurück und kommen zu sich; wenn Sie den Atem anhalten, erwachen Sie. – Natürlich kann dieses Erwachen nur von selbst geschehen, es kann nicht forciert werden. Aber man kann ihm den Boden bereiten, indem man sich die Gelegenheit gibt zu erwachen.

Übung 3.2.2: Vervollkommnungstechnik

Wenn Sie die Methode weiter vervollkommnen möchten (aber nicht gleich zu Anfang, sondern erst nach einiger Erfahrung), dann können Sie sich

- beim (langsamen!) Ausatmen mit Ihrem Bewußtsein in den Kosmos hinein verbreiten, mit dem Einatmen in der Körpermitte zusammenziehen und Ihr Bewußtsein beim Atemstillstand im Scheitelpunkt halten.

Übung: 3.3: Vorgeburtliche Erinnerung

- Versetzen Sie sich in einen meditativen Zustand, wie in der Grundtechnik (Übung 3.1) beschrieben (diese Vorbereitung ist immer unerläßlich).
- Erinnern Sie sich an Ihren Zustand vor Ihrer Ge-

burt beziehungsweise Konzeption. Das können Sie erreichen, indem Sie Ihr Bewußtsein auf diese Erinnerung einstellen und ruhig weiter Ihren Atem beobachten. Vertiefen Sie Ruhe, Stille und Entspannung, ohne zu versuchen, die Erinnerung herbeizuführen. Die Erinnerung steigt irgendwann von selbst auf – klar oder nebelhaft, als Ahnung, Gefühl, Gedanke oder Bild. Auch wenn sie nicht zum Vorschein kommt, ist es hilfreich, Ihr Bewußtsein auf sie auszurichten; es erleichtert die Verbindung zu Ihrem höheren Selbst.

Übung 3.4: Erhöhte Perspektive

- Versetzen Sie sich in einen meditativen Zustand (wie in Übung 3.1 beschrieben) und nehmen Sie im Geist eine erhöhte Perspektive ein. Dies geschieht zum Beispiel,
- indem Sie sich in Ihrer Vorstellung von der Erdoberfläche entfernen und in die Höhe aufsteigen wie ein Hubschrauber, eine Rakete oder einfach ein schwebendes Wesen. Nehmen Sie einen weit von der Erde entfernten Standpunkt im Außenraum ein und schauen Sie von dort aus auf die Ereignisse, Zusammenhänge, Beziehungen oder Probleme Ihres Lebens (je nachdem, was Sie gerade betrachten möchten);
- oder Sie stellen sich vor, wie Sie Ihren Körper durch den Scheitel verlassen und von oben auf ihn und auf Ihr physisches Leben herabblicken (diese Meditation nicht beenden, ohne ausdrücklich auf demselben Wege mit dem Bewußtsein

wieder in den Körper einzutreten und Erdkontakt aufzunehmen);

- oder Sie gehen im Geist bis zu einem Zeitpunkt kurz vor oder nach Ihrem Tod und – schauen von dort aus zu den Problemen und Situationen des Jetztzeitpunkts zurück.

Diese und ähnliche Techniken helfen Ihnen, Ihr Bewußtsein auf eine höhere Perspektive einzustellen, von der aus Sie mehr Überblick haben als aus Ihrer gewöhnlichen Sichtweise heraus. In jeder dieser Meditationen nähern Sie sich Ihrem höheren Selbst.

Übung 3.5: Umkehr der Perspektive

- Versetzen Sie sich in einen meditativen Zustand, wie zu Anfang dieses Kapitels beschrieben (oder auf Ihre eigene Weise).
- Tun Sie einen Sprung ins Bewußtsein des Universums hinein. Stellen Sie sich vor, das ganze Universum sei Ihr Körper. Stellen Sie sich vor, das Wesen zu sein, dessen Körper das Universum ist und dessen Perspektive alle Perspektiven umfaßt und unbegrenzt ist. Dies ist keine Akrobatik; strengen Sie sich nicht an. Versuchen Sie einfach, es sich auf Ihre Art vorzustellen – je kindlicher und unkomplizierter, desto besser.
- Schauen Sie nun Ihre Persönlichkeit aus dieser kosmischen Perspektive an. Sehen Sie, daß das, was Sie gewöhnlich für sich selbst halten, eine Sichtweise des Allbewußtseins ist? Oder welchen

anderen Zusammenhang entdecken Sie zwischen dem Ganzen und Ihrer Individualität?

- Pendeln Sie zwischen den beiden Perspektiven, der persönlichen und der kosmischen, hin und her; weniger mit Ihrem Verstand als vielmehr mit Ihrer Vorstellungskraft und Einfühlung.
- Beenden Sie die Meditation, indem Sie Ihren Körper, sein Gewicht, seinen Bodenkontakt wahrnehmen, scharf durch die Nase atmen und eine abschließende Geste ausführen.

Zusammenfassung der Übungsphase 3 (Meditation)

Erste Teilphase
- Einmal täglich üben: eine Grundtechnik der Meditation (Übung 3.1).

Zweite Teilphase
- Zwei- bis dreimal wöchentlich durchführen: Meditation »Zum wahren Selbst erwachen« (Übung 3.2).
- Nachdem Sie diese Übung einige Male praktiziert haben, eventuell durch die Atemübung (Übung 3.2.1) ergänzen.
- Wiederum nach einiger Praxis: Vervollkommnungstechnik (Übung 3.2.2).

Dritte Teilphase
- Täglich üben: eine der Meditationen zum Perspektivenwechsel (Übung 3.4 oder 3.5).

4

Das Unterbewußtsein klären: George und das höhere Selbst

Bevor wir auf unserem Weg nach oben voranschreiten, begeben wir uns für die Zeit einer Übungsphase
in die »Unterwelt«. Wir müssen uns mit der Instanz
unseres Bewußtseins beschäftigen, die im allgemeinen Sprachgebrauch das »Unterbewußtsein« genannt
wird. Dieser Instanz kommt in der Beziehung zwischen dem persönlichen Ich und dem höheren Selbst
große Bedeutung zu. Ich stütze mich hier im wesentlichen auf die von MAX FREEDOM LONG übermittelte,
aus Hawaii stammende Huna-Lehre (und auf eigene
Erfahrung), die den Menschen gleichsam in drei Be-
standteile zerlegt: das höhere, das mittlere und das
niedere Selbst. Letzteres entspricht dem persönlichen
Unterbewußtsein und wird in der Literatur auch »un-
teres Selbst« genannt.

In Wirklichkeit ist der Mensch natürlich eine Einheit; zu Arbeitszwecken aber kann diese Dreiteilung
äußerst nützlich sein. Das niedere Selbst heißt nicht
deshalb das niedere, weil es minderwertig ist, sondern es handelt sich um eine Art hierarchischer An-
ordnung. Das mittlere Selbst ist das persönliche Ich,
mit dem wir uns normalerweise identifizieren. Unter

dem höheren Selbst ist jene überbewußte, manchmal ins Tagesbewußtsein hindurchschimmernde, mit allen anderen Aspekten und Bereichen unseres Selbst verbundene Instanz zu verstehen, die wir mit unserer Arbeit ansteuern.

Long, der Erforscher und Überbringer der Huna-Lehre, verlieh dem niederen Selbst oder Unterbewußtsein einen Namen: Er nannte es »George«. (»George« ist in der Luftfahrt die Bezeichnung für den automatischen Piloten im Cockpit des Flugzeugs.)

George ist dem mittleren und dem höheren Selbst gegenüber so etwas wie ein Kind. Er spielt gern, besitzt keine Vernunft, jedenfalls nicht in unserem Sinne, denkt assoziativ statt logisch-kausal, steht außerhalb der Zeit und kennt auch keine Zeit. Alle unverarbeiteten Ereignisse aus der Vergangenheit sind für ihn immer noch Gegenwart. Erlittene Kränkungen, Groll, Schuldgefühle und dergleichen hortet er, wie Long es ausdrückt, in einem »schwarzen Sack«.

Da er nicht zeitlich-kausal, sondern assoziativ und unabhängig von der Zeit denkt, wendet er auf Situationen von heute Schlüsse und Strategien von früher an. So fürchtet er sich vor einem fremden, harmlosen Menschen, weil dieser jemandem ähnelt, der uns einmal erschreckt oder geschädigt hat. Ein anderer ist ihm unsympathisch, weil er so riecht wie jemand, der uns schlecht behandelt hat, als wir klein waren, und so fort. Die Schätze aus seinem schwarzen Sack holt er immer dann hervor, wenn sich Gelegenheit dazu ergibt, das heißt wenn sich Ereignisse einstellen, die jenen traumatischen oder unangenehmen Begebenheiten aus der Vergangenheit, die mit den düsteren, dem schwarzen Sack entstammenden Inhalten Ähnlichkeiten aufweisen.

Die finstersten dieser sorgsam gehüteten Schätze sind Schuldgefühle. Und hier sind wir bei unserem Thema. Schuldgefühle können uns nämlich daran hindern, Kontakt mit unserem höheren Selbst aufzunehmen. Es kann geschehen, daß wir uns eifrig um diesen Kontakt bemühen und er doch nicht zustande kommt, weil George die Leitung nach oben durchgeschnitten hat.

Nach der Huna-Lehre kann das mittlere Selbst den Kontakt zum höheren Selbst nicht ohne die Mitarbeit des niederen Selbst herstellen – George ist es, der Gefühle, Bilder und Stimmungen liefert, und das ist die Sprache, in die wir unsere Wortgedanken übersetzen müssen, wenn wir unser höheres Selbst erreichen wollen. George ist sozusagen der Dolmetscher.

Normalerweise dolmetscht er gern und von sich aus. Wenn er aber von Schuldgefühlen geplagt ist, verweigert er möglicherweise die Zusammenarbeit. (Das muß nicht so sein, aber es kann geschehen.) Denn George ist wie ein Kind. Wenn ein Kind ein schlechtes Gewissen hat, dann getraut es sich nicht, seinen Eltern oder einer ähnlich wichtigen höheren Instanz gegenüberzutreten. Es meidet den Kontakt. Sosehr Sie sich bemühen, Ihr höheres Selbst zu erreichen – Sie schaffen es nicht, wenn George nicht mitspielt. Stellen Sie dies fest, ist es notwendig,

- entweder Ihre Schuldgefühle zu überwinden,
- oder Ihren George trotz der Schuldgefühle zur Mitarbeit zu bewegen.

Letzteres ist mir gelungen. Ich litt unter schweren, zunächst undefinierbaren, ungeklärten Schuldgefühlen, deren Ursache erst im Lauf der Jahre an die Oberfläche kam, und unterhielt trotzdem einen regen Kontakt mit höheren Ebenen. Allerdings kann ich heute im Rückblick erkennen, daß dieser Kontakt sich hauptsächlich auf den höheren Ebenen bewegte. Bevor die Segnungen, die mir auf diese Weise zuteil wurden, auch in die tieferen Bereiche einfließen und sich in meinem Verhalten und meinen Lebensumständen manifestieren konnten, mußten die Schuldgefühle geklärt und bereinigt werden. (Dieser Prozeß wird in dem Buch »Den Weg des Herzens gehen« von mir geschildert.)

Wie überwindet man Schuldgefühle?

Im allgemeinen handelt es sich dabei um einen Prozeß, der Zeit braucht. Wenn Sie gerade den Zeitpunkt erwischen, an dem Ihre Schuldgefühle samt dem zugehörigen Hintergrund mit aller Macht an die Oberfläche drängen, können Übungen zur Auflösung von Schuldgefühlen möglicherweise zu einem sofortigen, nachhaltigen Erfolg führen.

Andernfalls ist die Auflösung von Schuld ein Prozeß, der zwar auf der geistigen Ebene in einem einzigen Moment der Erkenntnis vollendet sein kann, aber bis zur vollständigen Verwirklichung auf allen Ebenen einiger Zeit bedarf.

Übung 4.1: Empfinde ich Schuld?

Um zu prüfen, ob Ihr psychisches Selbstbewußtsein von Schuldgefühlen beeinträchtigt ist oder ob Sie sich im tiefsten Inneren frei und unschuldig fühlen, betrachten Sie bitte in Ruhe die nachstehenden Sätze und lassen Sie jeden von ihnen auf sich wirken, während Sie bei geschlossenen Augen tief und ruhig atmen.

1. Ich bin unschuldig.
   (Diesen Satz können Sie laut sprechen, laut und deutlich aus dem Herzen heraus. Sprechen Sie in Ihrer Vorstellung oder ebenfalls in der Realität jemanden an; blicken Sie ihr/ihm dabei in die Augen. Sie können auch eine Pflanze oder ein Tier ansprechen – je nachdem was sich gerade in Ihrer Nähe befindet. Wiederholen Sie den Satz mit Nachdruck einige Male.)
2. Ich fühle mich schuldig, weil…
   (bitte ergänzen und nachfühlen).
3. Ich fühle mich schuldig, weiß aber nicht, warum. Ich schreibe jetzt einfach drauflos, um den Grund herauszufinden. Vielleicht fühle ich mich deshalb schuldig, weil…
   (Spinnen Sie den Faden weiter, indem Sie schnell drauflos schreiben, ohne abzusetzen, ohne nachzudenken, ohne Pausen einzulegen. Wenn Emotionen auftauchen, sind Sie auf der richtigen Spur. Schreiben Sie dann weiter, was Ihnen gerade einfällt, und atmen Sie dabei tief.)
4. Ich bin schuldig.
5. Ich bin schlecht.
6. Herr, vergib mir meine Schuld!
7. Ich bin frei von aller Schuld.

Wenn bei einem dieser Sätze Gefühle auftreten, seien sie positiver oder negativer Art, dann besteht mit ziemlicher Sicherheit ein unverarbeitetes Schuldgefühl in Ihrem Unterbewußtsein, dann schleppt George in seinem schwarzen Sack eine Schuld mit sich herum.

Wie können Sie sie finden und auflösen? – Indem Sie sie George ab- und an sich nehmen. Mit anderen Worten: Der Grund Ihres Schuldgefühls muß ins Bewußtsein gebracht werden. Sie müssen Ihre Schuld fühlen und sich ihrer annehmen; Sie müssen sie aus ihrem Eingesperrtsein in dem schwarzen Sack erlösen. Die Auflösung ist dann ein natürlicher Prozeß, der von selbst unter der Führung des höheren Selbst geschieht. Sie haben nichts weiter zu tun, als sich seiner Einwirkung zu überlassen. Damit das höhere Selbst Ihre Schuld auflösen kann, müssen Sie sie aus ihrem Versteck holen. Sie haben sie vergraben, weil sie unerträglich erschien; George wollte sie vor dem vernichtenden Urteil des mittleren Selbst und vor der befürchteten Bestrafung seitens des höheren Selbst verbergen. Die Folge ist, daß Sie sich entweder Ihrer Schuldgefühle überhaupt nicht bewußt sind, oder daß das Bewußtsein zwar vorhanden ist, aber nur »im Kopf«. Sie wissen dann zwar um Ihr Schuldgefühl, aber Sie hüten sich davor, sich ihm gefühlsmäßig ansehen zu müssen. Dabei ist gerade dieses Fühlen der Schlüssel zur Auflösung.

Es handelt sich also vor allem darum, daß Sie Ihre Schuld fühlen, und zwar in ihrem vollen Umfang. Es ist dabei völlig unerheblich, ob das Schuldgefühl auf Einbildung beruht oder auf einer Tatsache; die Schuld ist in jedem Fall eine innerpsychische Realität. Wenn Sie als Kind die Überzeugung gewonnen haben, daß Sie an der Trennung Ihrer Eltern, dem Tod eines Eltern- oder Geschwisterteils, den Kopfschmerzen Ihrer Mutter, dem Mißerfolg Ihrer Schwester und so weiter schuld sind, und wenn diese Überzeugung nie wirksam gelöscht wurde, dann ist diese Schuld eine Realität in Ihrer Psyche. Das gleiche gilt, wenn Sie sich schuldig fühlen, weil Sie den Erwartungen Ihrer Eltern nicht entsprechen, weil Sie meinen, dem Leben nicht alles zu geben, was es von Ihnen fordert, weil Sie Ihre Solls nicht erfüllen, und dergleichen mehr.

Nachdem wir nun lange genug um den heißen Brei geredet haben, wollen wir jetzt darangehen, ihn (wie die sprichwörtliche Suppe) auszulöffeln.

Übung 4.2: Die Schuld finden und fühlen

- Wählen Sie einen Satz aus, in dem Schuld vorkommt: vielleicht denjenigen unter den zuvor (Übung 4.1) aufgeführten Sätzen, der bei Ihnen die größte gefühlsmäßige Resonanz hervorgerufen hat.
- Beschließen Sie, daß dieser Satz der rote Faden sein soll, der Sie zur Wurzel Ihrer Schuldgefühle führt.
- Legen Sie sich hin und entspannen Sie sich. Legen Sie die rechte (Linkshänder die linke) Hand auf den Solarplexus. Atmen Sie in Ihre Hand hinein. Entspannen Sie sich mit jedem Ausatmen tiefer.
- Lassen Sie den ausgewählten Satz nun auf Ihre Körpermitte einwirken, indem Sie ihn dort hineindenken. Atmen Sie tief und kräftig in Ihre Hand hinein, während Sie den Satz wiederholt denken.

- Beobachten Sie Ihre Gedanken und Gefühle. Welche Erinnerungen tauchen auf, welche Gedanken, welche Bilder, welche Gefühle, welche Körperempfindungen? Atmen Sie, beobachten Sie. Gehen Sie Ihren Beobachtungen mit Hilfe tiefen und bewußten Atmens so lange nach, bis Sie das Gefühl haben, der Vorgang sei abgeschlossen – unabhängig davon, ob Sie fündig geworden sind oder nicht.
- Sammeln Sie Ihre Aufmerksamkeit nun in Ihrem Herzen (im Herzzentrum in der Mitte der Brust). Atmen Sie mit dem Herzen. Lassen Sie es hell und warm werden in Ihrem Herzen. Lassen Sie dann das warme, goldene Licht Ihres Herzens Ihren ganzen Körper ausfüllen.
- Wenn Sie nicht fündig geworden sind,
  - prüfen Sie noch einmal die Frage, ob es wirklich unaufgelöste Schuldgefühle in Ihrem Inneren gibt.
  - Wenn Sie dies bejahen: Betrachten Sie die Übung als Einleitung eines Prozesses, der Ihre Schuld zutage fördern wird.
  - Und wenn Sie fühlen, daß es an der Zeit ist, wiederholen Sie die Übung.
- Wenn Sie fündig geworden sind,
  - fühlen Sie Ihre Schuld! Heißen Sie sie willkommen! Es ist wunderbar, daß Sie sie endlich aus ihrem Versteck geholt haben. Empfinden Sie sie, lassen Sie sich ganz von ihr durchdringen, werden Sie eins mit ihr. Versuchen Sie nicht, sich die Schuld mit guten Argumenten auszureden! Und verurteilen Sie sich nicht! Empfinden Sie einfach diese Schuld, die eine Realität in Ih-

rer Psyche darstellt, umarmen Sie sie und damit den »armen Sünder«, der Sie sind.

- Schenken Sie dann Ihr ganzes Mitgefühl dem armen schuldigen Wesen, als das Sie sich insgeheim immer empfunden haben.
  Wenn die Schuld in Ihrer Kindheit entstanden ist, fühlen Sie den Schmerz des Kindes, das Sie waren; umarmen Sie es mit Ihrer ganzen Liebe, fühlen Sie mit ihm. Es ist schrecklich, schuldig zu sein. Es tut weh; es stimmt traurig; es macht ohnmächtig; es macht zornig; es schneidet einen von den Freuden des Lebens ab. Liefern Sie sich all diesen Empfindungen ohne auch nur die geringste Gegenwehr aus!
- Spüren Sie Wellen der Erleichterung? Fühlen Sie, wie eine Zentnerlast von Ihnen gleitet, wenn Sie sich mit Ihrer Schuld aussöhnen?
- Dann, und erst dann, sollten Sie einen Schritt weitergehen. Auf gar keinen Fall vorher!

Nun können Sie sich, das schuldige Kind, mit den Augen eines liebenden Erwachsenen anschauen und prüfen, was es eigentlich mit Ihrer Schuldhaftigkeit auf sich hat.

- Sehen Sie sich selbst tief ins Herz. Können Sie die Unschuld klar erkennen, die letztlich hinter Ihren Handlungen, Gefühlen und Gedanken steckt? Können Sie sehen, wie Ihre kindliche Psyche sich die Schuld nur eingebildet hat?
- Oder haben Sie tatsächlich willentlich einen schlimmen Schaden angerichtet? Wenn ja, können Sie vielleicht nun, nachdem Sie den ersten Schritt

getan und Mitgefühl für sich selbst entwickelt haben, Ihre Motive erkennen, die im tiefsten Grunde rein und unschuldig waren.

Vielleicht haben Sie aus Angst gehandelt; vielleicht standen Sie unter Zwang; vielleicht waren Sie gekränkt, vielleicht zornig, weil man Ihnen die Liebe verweigerte, die Sie brauchten... Was immer es ist oder war, finden Sie es und fühlen Sie es. Das Fühlen ist wichtig, nicht das gedankliche Erfassen. Natürlich ist Erkenntnis der Schlüssel zur Befreiung, aber hier handelt es sich um die Erkenntnis des Herzens. Wann immer es schwierig wird – atmen Sie tiefer. Seien Sie sich immer Ihres Atems bewußt! Der Atem hat die Fähigkeit, das Verborgene an die Oberfläche zu befördern und uns auf diese Weise zu befreien.

- Wenn dieser Schritt abgeschlossen ist, beleuchten Sie im Lichte Ihrer neuen Erkenntnisse (die Sie notiert haben) die gegenwärtige Phase Ihres Lebens, vor allem Ihre Beziehungen: die Beziehung
  - zu anderen,
  - zu Geld,
  - zu sich selbst,
  - zur Arbeit,
  - zum Leben,
  - zu Genuß und Vergnügen.

Und untersuchen Sie dann, in welchen Bereichen und auf welche Weise Ihre Schuldgefühle und Schuldgedanken sich in Ihrem Leben manifestiert haben.

- Nehmen Sie sich vor, für mindestens ein bis zwei Wochen Ihr Augenmerk im täglichen Leben auf diese Frage zu richten.

- Wann immer Sie in Ihren Reaktionen oder Gedanken auf die alte Schuld stoßen, nehmen Sie sie zur Kenntnis, halten Sie einen Augenblick inne, atmen Sie und prüfen Sie, ob Sie bereit sind, Ihr Schuldgefühl loszulassen.

Übung 4.3: Mit dem Opfer kommunizieren

Für den Fall, daß es sich nicht nur um eine eingebildete Schuld handelt (wie es der Fall ist, wenn Sie sich zum Beispiel grundsätzlich schuldig fühlen, weil Sie auf der Welt sind), sondern Sie tatsächlich ein Unrecht getan und jemanden geschädigt haben, widmen Sie diesem (beziehungsweise diesen) Menschen bitte eine eigene Sitzung. Ein Vorschlag für deren Ablauf ist:

- Sprechen Sie eines der Meister-Gebete, von denen im nächsten Kapitel die Rede sein wird (Übung 5.2).
- Zentrieren Sie sich im Herzen. Atmen und fühlen Sie in Ihr Herz hinein. Lassen Sie es hell und warm werden in Ihrem Herzen.
- Stellen Sie sich nun die von Ihnen geschädigte Person vor. Lassen Sie sich in Ihrer Vorstellung Ihnen gegenübersetzen.
- Nun richten Sie einen Lichtstrahl aus Ihrem Herzen auf das Herz dieses Menschen. Denken Sie an den betreffenden Vorfall und fühlen Sie den Schmerz, den er in Ihrem Gegenüber ausgelöst hat.
- Wichtig: Lassen Sie sich nicht von Mitleid oder

Schuldgefühlen überschwemmen, sondern bleiben Sie, was auch immer geschieht (selbst wenn Sie weinen müssen), beim Herz-zu-Herz-Kontakt und in Fühlung mit Ihrem Atem.

- Sprechen Sie mit der Person, als säße sie leibhaftig vor Ihnen. Schildern Sie ehrlich, aus welchen Beweggründen heraus Sie gehandelt haben; beschönigen Sie nichts. Lassen Sie sie fühlen, daß Sie ihren Schmerz wahrnehmen.
- Bitten Sie sie um Vergebung.
- Fragen Sie sie, wodurch Sie sie versöhnen können. Prüfen Sie dann, ob Sie das Verlangte auszuführen vermögen – wenn nicht, bitten Sie um etwas anderes, wenn ja, versprechen Sie es.
- Nehmen Sie zum Abschluß die Person in Ihr Herz auf und entlassen Sie sie aus Ihrem Bewußtsein.
- Kommen Sie wieder zu sich selbst zurück. Prüfen Sie, welche Konsequenzen dieser meditative Dialog für Sie hat, und handeln Sie danach. Wenn die Person noch lebt und erreichbar ist, müssen Sie möglicherweise wirklich mit ihr sprechen oder, was geeigneter sein kann, ihr einen Brief schreiben.

Die Technik des meditativen Gesprächs läßt sich auch bei Verstorbenen anwenden, wobei man diese allerdings nicht willkürlich jederzeit erreichen kann. Wenn Sie keinen Kontakt spüren, versuchen Sie es ein andermal wieder. Wenn mehrere Versuche fehlzuschlagen scheinen, führen Sie die Übung einfach trotzdem bis zum Ende durch. Sie hat in jedem Fall ihre Wirkung.

Übung 4.4: Die Schuld vergeben

Erst wenn alles Vorherige erfüllt ist, können Sie darangehen, den Prozeß zu vollenden:

- wenn Sie religiös sind, mit einem Gebet um Erlösung
- oder mit »Kyrie eleison – Christe eleison«. Dies ist eine sehr machtvolle Formel, die unabhängig davon wirkt, ob Sie katholisch sind oder nicht. Sie rufen (mit »Kyrie eleison«) die Allmacht Gottes oder das Herz des Universums an, Sie von Ihrer Schuld zu erlösen. Und Sie laden (mit »Christe eleison«) das Christus-Bewußtsein ein, für alles, was Ihnen angetan wurde, in Ihrem Herzen Vergebung zu bewirken. Wiederholen Sie jeden der beiden Teile zuerst gesondert, so lange, bis Sie fühlen, daß es genug ist, und dann beide hintereinander. (Sagen Sie also erst etliche Male »Kyrie eleison«, dann etliche Male »Christe eleison«, schließlich »Kyrie eleison – Christe eleison«.)
- Sie können alternativ oder zusätzlich mit abschließenden Affirmationen arbeiten. Meditieren Sie, bitten Sie Ihr höheres Selbst, in Ihrem Inneren einen Satz aufsteigen zu lassen, der Ihre Befreiung von Schuld ausdrückt. Es muß ein Satz sein, der Ihr Herz berührt (zum Beispiel »Ich vergebe mir alle Schuld«, »Ich bin jetzt frei von sämtlicher Schuld«, »Meine Schuld wurde vergeben«, »Meine Schuld ist gelöscht«).

Übung 4.4.1

Eine andere Methode besteht darin, den Prozeß der Erlösung in ausdrücklicher Zusammenarbeit mit George durchzuführen. Sie erinnern sich an Georges schwarzen Sack?

- Bitten Sie George in einem ruhigen Moment, Ihre Schuld, die mit ihr verbundenen Gefühle und die tiefe Ursache Ihrer Schuldgefühle (die Urschuld, die sich hinter allem verbirgt) aus dem schwarzen Sack zu holen und zu Ihnen heraufzubringen.
- Überzeugen Sie ihn davon, daß Sie seine Mitarbeit brauchen, um endlich frei, glücklich und gesund sein zu können. Und versichern Sie ihm, daß, was immer er aus seinem schwarzen Sack holt, von Ihnen willkommen geheißen wird, ohne Verurteilung und ohne Strafe.
- Fragen Sie George, in welcher Weise er mit Ihnen kommunizieren möchte: ob er Sie im Traum informieren will, ob Sie die Schreibtechnik anwenden sollen oder das bewußte Atmen mit der Hand auf dem Solarplexus. Verlassen Sie sich ganz auf Ihre Eingebung.
- Halten Sie Ihr Versprechen – ganz gleich, was George zutage fördert. Verurteilen Sie es nicht, sondern nehmen Sie es mitfühlend an.

Wenn es Ihnen trotz allen Verständnisses schwerfallen sollte, sich selbst zu vergeben, dann machen Sie sich bitte bewußt, daß alles mit allem verbunden ist; ein dunkler Fleck in Ihrer Psyche ist ein dunkler Fleck im Universum. Jedes Schuldgefühl erschwert oder blockiert die Verbindung des Kollektivs zu den höheren Ebenen, die so dringend gebraucht wird, um mehr Licht, Liebe, Erkenntnis, Freiheit, Freude in das Bewußtsein der Menschheit zu bringen. Und jedes Licht, mit dem Sie Ihr eigenes Bewußtsein aufhellen, erleuchtet das Universum ein Stückchen mehr.

Bedenken Sie, daß Ihr höheres Selbst nichts so sehnlich wünscht, wie Sie frei von aller Schuld zu sehen. Wollte es nicht in Ihnen und »als Sie« etwas besonders Schönes erschaffen und erleben? Können Sie sehen, wie Ihre Schuldgefühle diese Absicht behindern oder vereiteln?

Vielleicht hilft Ihnen auch die Liebe zu Ihren Mitmenschen. Können Sie erkennen, um wieviel glücklicher Ihre Familienangehörigen, Ihre Freunde, Ihre Kollegen wären, wenn sie eine Quelle von Freude, Heiterkeit, Energie und Liebe vor sich hätten statt ein von Schuldgefühlen geplagtes Wesen?

Vielleicht entdecken Sie auch, daß Sie es sich bequem machen, indem Sie es vorziehen, Opfer Ihrer eigenen Schuldigkeit, Ihres eigenen Unwerts zu bleiben und damit dem Leben Ihr volles Dabeisein zu verweigern. Warum? Was steckt dahinter? Angst vor dem Leben? Finden sie es heraus. Anregungen dazu (die Sie nur auf dieses neue Thema zu übertragen brauchen) finden Sie am Anfang dieses Kapitels.

Wenn Sie keine Antwort auf Ihre Fragen (zum Beispiel: »Warum flößt das Leben mir Angst ein?«) finden, lassen Sie sie einfach im Raum Ihres Bewußtseins stehen und warten Sie ab. Die Antwort taucht unweigerlich auf, sobald Sie bereit und in der Lage sind, sie anzunehmen.

Sollten Sie bei Ihrer Nachforschungsarbeit mit

George feststellen, daß Ihr Schuldgefühl auf einer Tatsache beruht und Sie wirklich jemandem Schaden zugefügt haben, so müssen Sie etwas zur Wiedergutmachung unternehmen. Abgesehen von der geschädigten Person selbst ist es auch für George von größter Wichtigkeit, daß Sie eine Art Buße entrichten. Vielleicht können Sie für die betroffene Person unmittelbar etwas tun. Wenn eine direkte Wiedergutmachung an diesem Menschen nicht möglich ist, entrichten Sie ein symbolisches Bußgeld an die kosmische Kasse: Verschenken Sie etwas, an dem Sie hängen; stiften Sie Zeit, Geld oder Energie für eine gute Sache; helfen Sie jemandem, der in Not ist. Es muß eine Handlung sein, die George das Gefühl gibt, eine Sühne geleistet zu haben. Denn abgesehen von dem, durch das Sie für die geschädigte Person oder für andere Personen einen Ausgleich schaffen, geht es bei der Bußaktion um George. Ihr höheres Selbst kennt keine Strafe und keine Buße; es ist George, der das braucht.

Und dann vergeben Sie sich selbst und lassen es gut sein. Bedenken Sie: Jeder macht sich in irgendeiner Weise schuldig, denn jeder begeht Fehler. Das Schuldgefühl dient von Natur aus nur als Hinweis: »Stopp, das war falsch, bitte handele so nicht wieder!« (In »*Die Natur der persönlichen Realität*« erläutert JANE ROBERTS diesen Gedanken ausführlich.) Damit hat es seine Funktion erfüllt. Es ist nicht und war nie dazu gedacht, daß wir es durch das ganze Leben schleppen oder womöglich durch eine Serie von Inkarnationen, um immer wieder zwanghaft unsere Täter-Opfer-Schuld-und-Sühne-Dramen aufzuführen.

Wenn Sie bei den Selbsterforschungen, die in diesem Kapitel geschildert werden, nicht fündig werden oder sie als zu schwierig empfinden, oder wenn Sie es nicht wagen, Ihre Schuld alleine zu bearbeiten, sollten Sie die Hilfe eines spirituell orientierten Psychotherapeuten in Anspruch nehmen. Auch Rebirthing (eine Atemtechnik, die verdrängtes psychisches Material an die Oberfläche bringt, Blockaden auflösen kann und unterversorgte oder blockierte Körperzonen mit frischer Energie füllt) vermag Ihnen möglicherweise zu helfen, Ihre Schuldgefühle aufzuheben.

Weitere Empfehlungen in bezug auf die Auflösung von Schuldgefühlen finden Sie in meinem Buch *Meditation löst Lebensprobleme.*

Sehr hilfreich in diesem Zusammenhang ist ebenfalls *Die Aussöhnung mit dem inneren Kind* nebst Arbeitsbuch von ERIKA CHOPICH und MARGARET PAUL (Hermann Bauer Verlag, Freiburg 1995).

Zusammenfassung der Übungsphase 4 (George und das höhere Selbst)

Die Auseinandersetzung mit der Schuld
Während dieser und für diese Phase ist es zu empfehlen, täglich die
* Grundtechnik der Meditation (Übung 3.1) durchzuführen.

Jeweils nur einmal widmen Sie sich den folgenden Schritten:
* Prüfen Sie, ob tiefsitzende Schuldgefühle vorhanden sind (Übung 4.1).
Wenn ja, so ist es an der Zeit,

- die Schuld herauszufinden und zu fühlen (Übung 4.2),
- sich mit dem Geschädigten auszusöhnen (Übung 4.3),
- sich selbst zu vergeben (Übung 4.4).
- Eventuell bietet es sich an, die Schuld gemeinsam mit George zu bearbeiten (Übung 4.4.1).

Wenn es sich als nötig erweist, wenden Sie sich spiritueller Psychotherapie oder dem Rebirthing zur Unterstützung des Prozesses zu.

5

*Der erste Schritt auf dem
Weg zum Dialog
mit dem höheren Selbst:
Das Gebet*

Nun ist die Basis gelegt und der Weg für die Kommunikation mit dem höheren Selbst geebnet.

Als nächstes stellen wir die Verbindung her, und zwar mit Hilfe des Gebets. Hier ist das aktive Beten gemeint, eine einfache, kindliche und wirkungsvolle Form der Kontaktaufnahme mit dem höheren Selbst.

Der Vorgang ist unkompliziert: Man ruft sein höheres Selbst an und spricht zu ihm wie ein Kind zu seinem Vater oder zu seiner Mutter, und zwar – das ist wichtig – möglichst klar und einfach. Wenn unsere Gedanken verworren sind, vermag unser Gebet nicht viel auszurichten.

Übung 5.1: Übergabe-Gebet

* Beginnen Sie (als erste tägliche Übung) damit, daß Sie Ihrem höheren Selbst allen Kummer übergeben, alle Sorgen, alle Probleme, Ihre Wut, Ihren Zorn, Ihre Angst, Ihre Traurigkeit. Befreien Sie sich

so von allem, was Sie im Augenblick bedrückt, schmerzt oder Ihnen Schwierigkeiten bereitet.

»Übergib mir deine Bürde –

mir ist sie leicht«

lautet eine Botschaft, die ich von meinem höheren Selbst bekommen habe (zusammen mit anderen Botschaften dieser Art in dem Titel »*Den Weg des Herzens gehen*« veröffentlicht), und:

»*Ich bin* der einzige Tröster.

Wenn ich tröste,

ist alles getröstet.«

- Sprechen Sie zu Ihrem höheren Selbst nicht nur mit Worten; sprechen Sie vor allem mit dem Herzen, mit all Ihrem Gefühl.

- Wenn Sie beispielsweise unter Angst leiden, beten Sie: »Ich habe Angst. Bitte nimm dich meiner Angst an.« Und dabei richten Sie Ihre Aufmerksamkeit auf Ihre Angst. Fühlen Sie sie. Der Strahl Ihrer Aufmerksamkeit ist der Kanal, durch den Ihr höheres Selbst auf die Angst einwirken kann.

- Und wenn Sie Ihr Gebet beendet haben, denken Sie nicht weiter darüber nach; wenden Sie sich anderem zu. Ihre Angst ist jetzt in guten Händen.

Die gleiche Vorgangsweise gilt, wenn Sie Groll verspüren und nicht in der Lage sind, zu vergeben. Sie können sich nicht zur Vergebung zwingen. Aber Sie vermögen den Wunsch in sich zu wecken, zu vergeben; und Sie können Ihr höheres Selbst bitten, die Kraft der Vergebung in Ihrem Herzen zu aktivieren. (Das ist der Sinn der Anrufung »Christe eleison«.)

Übergeben Sie Ihrem höheren Selbst auch Ihre Wünsche. Äußern Sie sich dabei so einfach und direkt wie ein Kind, das Schokolade haben möchte. Das Kind sagt schlicht, was es wünscht, es verdreht oder verwässert seine Bitte nicht durch Überlegungen. Es bittet einfach, besser gesagt, es fordert. An den Eltern liegt es nun festzustellen, ob das, was das Kind sich wünscht, gut für es ist. Betteln und drängeln Sie wie ein Kind, stellen Sie Ihren Wünschen nichts in den Weg. Doch nachdem Sie sie Ihrem höheren Selbst übergeben haben, fügen Sie hinzu: »Dein Wille geschehe« oder, wenn Ihnen eine solche Formel gefährlich erscheint: »Wenn du aber etwas Besseres für mich weißt, dann gib mir dieses Bessere.«

Setzen Sie bitte einen bestimmten Zeitraum für diese Übungsphase fest. Beten Sie während dieser Zeit so oft wie möglich, mindestens einmal täglich, indem Sie alles, was Sie beschäftigt, Ihrem höheren Selbst übergeben.

Dies ist eine Phase der Kindlichkeit (zu der Sie natürlich später jederzeit zurückkehren können). Bitte übergehen Sie sie nicht. Sie ist ein wichtiger erster Schritt auf dem Weg zu unserem Ziel.

Übung 5.2: Meister-Gebete sprechen

Ein weiterer wesentlicher Bestandteil dieser Übungsphase ist das Sprechen von Gebeten, die von Meistern oder Heiligen formuliert und überliefert wurden. Vielen Menschen fällt es schwer, in vorformulierten Worten zu beten. Mir selbst ging es früher ebenso, bis ich mich einmal in einer spirituellen Klausur mit einigen überlieferten Gebeten intensiv beschäftigte. In dem Zustand hoher Einstimmung und verstärkter Aufnahmefähigkeit, in dem ich mich aufgrund ständiger Meditation befand, konnte ich beim bloßen Lesen dieser Gebete wahrnehmen, daß hinter jedem Wort Welten an Bedeutung standen, daß keine Formulierung zufällig gewählt war und daß sie alle eine ungeheure Kraft hatten. Schon das Lesen oder Aussprechen solcher Gebete allein hebt das Bewußtsein und stellt uns in ein Feld hinein, in dem wir den Meistern und Heiligen und unserem eigenen höheren Selbst nahe sind.

Beispiele sind das Vaterunser, die Gebete des heiligen FRANZISKUS, Gebete von YOGANANDA (veröffentlicht in *»Flüstern aus der Ewigkeit«*, Perlinger Verlag) und von HAZRAT INAYAT KHAN (in *»Gayan, Vadan, Nirtan«*).

- Schreiben Sie sich einige Gebete auf, die Sie besonders berühren.
- Sprechen Sie jeden Morgen und jeden Abend jeweils eines von ihnen laut, und halten Sie anschließend eine Weile Stille, oder meditieren Sie auf die beschriebene oder Ihre eigene Weise.

Übung 5.3: Lob- und Dankgebet

Im dritten Teil dieser Übungsphase können Sie dazu übergehen, wieder

- auf spontane Weise zu beten – diesmal aber nicht, um Sorgen und Probleme zu übergeben, sondern um Dankbarkeit, Freude, Liebe und Verherrlichung in den uns zur Verfügung stehenden Worten zu äußern.

Nichts ist geeigneter, um uns mit unserem höheren Selbst in Kontakt zu bringen, als diese Art von Beten. Man braucht keinen äußeren Anlaß dazu, sondern kann diese Stimmungen in sich wecken und pflegen, auch wenn die äußeren Umstände gerade nicht besonders erfreulich erscheinen mögen.

Übung 5.4: Für andere beten

Im vierten Abschnitt der Übungsphase »Gebet« wenden wir uns mit unseren Gebeten anderen Menschen (oder anderen Wesen) zu. Wir schicken Gedanken der Liebe, des Mitgefühls, der Stärkung, Gaben von Licht, Segen, Kraft, Freude und heilende Energie zu anderen.

- Denken Sie während dieser Phase jeden Morgen oder Abend an jemanden, dem Sie Licht, Kraft, Heilung oder einen unspezifischen Segen schicken möchten, oder senden Sie Gedanken von Liebe, Frieden, Mitgefühl oder Vergebung in Krisen- oder Kriegsgebiete.

Zusammenfassung der Übungsphase 5 (Gebet)

Erste Teilphase
- Täglich oder bei jeder Gelegenheit: das persönliche Übergabe-Gebet (Übung 5.1) anwenden.

Zweite Teilphase

- Morgens und abends sprechen: ausgewählte Meister-Gebete (Übung 5.2).

Dritte Teilphase

- Täglich praktizieren: das Lob- und Dankgebet (Übung 5.3).

Vierte Teilphase

- Jeden Tag einmal: für andere Menschen beten (Übung 5.4).

6

Die Stimme des höheren Selbst wahrnehmen lernen: Intuitionstraining

Die Stimme des höheren Selbst, sagten wir zu Anfang, ist die berühmte »innere Stimme«. Das ist der Faden, den wir ergreifen und verfolgen müssen, um uns unserem Ziel zu nähern. Jedoch wie? Im allgemeinen taucht ja die innere Stimme unvermutet, spontan auf und offenbar dann, wenn sie will, und nicht unbedingt dann, wenn wir es wollen.

Von dieser Beobachtung gehen wir zunächst aus. Nehmen wir an, das Auftauchen der inneren Stimme sei unserem Einfluß gänzlich entzogen. Dann besteht unsere erste Aufgabe darin, Übungen durchzuführen, mit denen wir diese Stimme wahrnehmen können.

Und wie übt man das? – Indem man ihr gehorcht.

• Nehmen Sie sich vor: »Wann immer die innere Stimme zu mir spricht, werde ich ihrer Weisung folgen.«

Richten Sie während dieser Übungsphase Ihr Bewußtsein auf vier Faktoren aus:

1. *Wahrnehmung der inneren Stimme.* Sich dieser

Wahrnehmung zu öffnen, ist ein Beschluß, der täglich erneuert werden muß (jedenfalls während der Anfangsphase der Übung).

2. *Wachheit.* Seien Sie hellwach und aufmerksam bei dem, was zum jeweiligen Zeitpunkt gerade vor sich geht, anstatt von Vergangenem und Zukünftigem zu träumen. Wenn Sie beim Kapitel »Erdung« mitgeübt haben, wird Ihnen das jetzt nicht schwerfallen.

3. *Weniger Lärm im Kopf;* damit die innere Stimme durchkommen kann. Das gehört eigentlich zu Punkt 2, wird aber der Klarheit halber noch einmal gesondert erwähnt. Üben Sie, im Hier und Jetzt präsent zu sein, seien Sie sich, sooft es Ihnen einfällt, Ihres Atems bewußt. Treten Sie zwischendurch auch regelmäßig in die Stille ein – sei es, indem Sie morgens und/oder abends meditieren – sei es, indem Sie sich stündlich oder mehrmals täglich einen Augenblick vollkommener Stille gönnen.

4. *Schnelligkeit.* Die innere Stimme ist meist flüchtig und wird blitzschnell eingeholt und überdeckt von Gedanken, die aus anderen Quellen kommen (Vernunft, Angst, Trägheit und dergleichen). Stellen Sie sich darauf ein, schnell zu sein! Nehmen Sie sich vor: »Wann immer ich die innere Stimme wahrnehme, folge ich ihrer Eingebung sofort.« Im Idealfall sind Eingebung und Handeln eins (das ist Spontaneität aus der Wesensmitte heraus), so daß kein Zeitraum zwischen Eingebung und Handeln entsteht, in den sich Gegenstimmen drängen können. Setzen Sie für dieses Intuitionstraining (ebenso wie für jede andere Phase des Übungsweges) eine bestimmte Zeitspanne fest.

Übung 6.1: Eröffnungszeremonie

* Eröffnen Sie diese Übungsphase feierlich mit einer Zeremonie Ihrer Wahl, und geben Sie sich während der Zeremonie ein Versprechen. Beispielsweise könnte es lauten: »Ich werde während der nächsten vier Wochen immer und unter allen Umständen meiner inneren Stimme folgen. Wenn mir das einmal nicht gelingt, werde ich es mir nicht übelnehmen, sondern einfach weiterüben.«

Dieser letzte Punkt ist übrigens sehr wichtig. Sehen Sie in der Übung bitte keinen Leistungszwang! Wenn Sie der inneren Stimme einmal nicht gefolgt sind (und das wird mit Sicherheit vorkommen), nehmen Sie das einfach zur Kenntnis. Schauen Sie sich die Situation und das Auftauchen Ihrer inneren Stimme im Rückblick genau an, um daraus für die Zukunft zu lernen, und dann schreiten Sie unbekümmert weiter. Kinder lernen das Gehen durch Stolpern. Würde das Kind bei jedem Stolpern stehenbleiben und sich »Versager« schimpfen oder in Schuldgefühlen schwelgen – es käme nie voran. Akzeptieren Sie, daß Sie da stehen, wo Sie in Ihrer Entwicklung jetzt stehen. Seien Sie freundlich, gelassen und geduldig mit sich selbst, so wie das höhere Selbst es auch ist.

Übung 6.2: Die innere Stimme wahrnehmen

* Stellen Sie sich jeden Morgen auf die zu Beginn dieses Kapitels genannten Punkte 1 bis 4 ein.

- Schaffen Sie Raum für die innere Stimme – durch bewußtes Atmen, durch Meditieren und Stille.
- Üben Sie im Alltag Ihre Intuition schnell in Handlung umzusetzen.

Übung 6.3: Eine Sonntagsübung

Vor Jahren habe ich für mich das »Prinzip freier Sonntag« erfunden, und es war diese Methode, die mir den ersten deutlichen und intensiven Kontakt mit meiner inneren Stimme bescherte. Deshalb kann ich diese Technik sehr zur Nachahmung empfehlen.

- Wählen Sie zum Zweck dieser Übung einen Tag, den Sie frei und allein verbringen können. (Wenn Sie nicht allein leben, nehmen Sie sich von Ihrem Partner einen Tag frei. Sie können ihm oder ihr erklären, was Sie vorhaben, und auch vorschlagen, daß er/sie während dieser Zeit, wenn nicht familiäre Pflichten das vereiteln, die gleiche Übung durchführt. Die Technik läßt sich zwar auch gemeinsam anwenden, aber das ist nur bei zwei sehr fortgeschrittenen Übenden empfehlenswert, zwischen denen überdies klare Kommunikation herrscht.)
- Nehmen Sie sich für diesen Tag frei von jeglichen Verpflichtungen und Vorhaben.
- Tun Sie den ganzen Tag lang nichts weiter, als von Augenblick zu Augenblick Ihrem Gefühl, Ihrer Eingebung, Ihren spontanen, von innen auftauchenden Impulsen zu folgen.

Ich habe damals viele Sonntage auf diese Weise verbracht. Meist verließ ich morgens zu Fuß meine Wohnung, ohne zu wissen, wohin ich gehen oder fahren würde. Auf Schritt und Tritt meiner Eingebung folgend, landete ich in einem unbekannten Stadtviertel, in einem Park, auf dem Land, in einer Veranstaltung oder in einem Restaurant, und immer wenn ich mich an das Prinzip hielt, erlebte ich die wunderbarsten Fügungen. Bekam ich Hunger (es war immer Sonntag, so daß ich unterwegs nichts kaufen konnte), ging ich kurz in mich und stellte fest, welche Art von Essen und welche Art von Atmosphäre oder Umgebung dazu ich mir wünschte. Und dann suchte ich nicht nach einem entsprechenden Lokal, sondern ging oder fuhr einfach nach Gefühl drauflos. Meine innere Stimme führte mich immer zum richtigen Zeitpunkt zum richtigen Ort, und ich fand genau das, was ich brauchte.

Zwei- oder dreimal geschah es, daß ich statt der aktuellen Eingebung einer Überlegung folgte, die aus der Vergangenheit stammte (zum Beispiel: »Ich wollte doch immer mal dies oder das ausprobieren«), und das endete jedesmal mit einem Reinfall.

An einem dieser Sonntage sprach zum ersten Mal meine innere Stimme klar und deutlich formuliert zu mir und führte mich jeden einzelnen Schritt. Es war ein Tag, an dem ich eine Serie der außergewöhnlichsten Fügungen erlebte – ein »Tag der Wunder«.

Zusammenfassung der Übungsphase 6
(Intuitionstraining)

Einstellung auf die innere Stimme
- Eröffnungszeremonie (Übung 6.1).
- Täglich den Vorsatz erneuern: »Wann immer die innere Stimme zu mir spricht, folge ich ihrer Weisung.«
- Tägliche Ausrichtung auf folgende Punkte (Übung 6.2):
  - Sich auf die Wahrnehmung der inneren Stimme einstellen.
  - Hellwach in der Gegenwart sein, nicht zuviel Gedanken-Lärm eindringen lassen.
  - Täglich meditieren oder sich mehrmals täglich kurz in die Stille zurückziehen.
  - Sich auf Schnelligkeit einstellen.
- Für Feiertage: »Prinzip freier Sonntag« (Übung 6.3).

7

Das Unterscheidungsvermögen schärfen: Intuition oder Phantasie?

Wie kann man den Unterschied feststellen, ob ein Gedanke der Eingebung oder der Phantasie entspringt?

Zunächst sei an die Kriterien erinnert, die bereits am Anfang dieses Buches erwähnt wurden:

* Die innere Stimme ist der erste Gedanke.
* Der Eingebungsgedanke hat keine rationale Begründung.
* Er ist von einem Gefühl absoluter Sicherheit begleitet, das sich durch selbstverständliche Leichtigkeit auszeichnet.

Mit anderen Worten: Man weiß einfach, ohne zu wissen, woher man weiß.

Oft taucht die Eingebung nicht als formulierter Gedanke, sondern eher als eine Art Gefühl auf, das man erst im nachhinein in Worte kleidet (»Ich wußte, daß ich nicht dorthin gehen sollte«).

Je mehr man sich darum bemüht, den Kontakt zu

höheren Ebenen der Wirklichkeit zu etablieren, desto konsequenter und ehrlicher muß man üben, Intuition von Phantasie zu unterscheiden. Was Ihnen dabei hilft, ist die Ehrlichkeit.

Übung 7.1: Sich selbst und anderen gegenüber ehrlich sein

- Seien Sie sich selbst gegenüber gnadenlos ehrlich.
- Gewöhnen Sie sich vor allem daran, in Gedanken ebenso wie in Gesprächen mit anderen Menschen Erfahrungen, Ereignisse und anderes genau so zu schildern, wie sie sind oder waren, ohne ein Quentchen Übertreibung oder Verfälschung.
- Seien Sie lieber zu verschwiegen als zu schwatzhaft. Mancher, der zuviel redet, tendiert auch zum Übertreiben. Gestatten Sie sich nicht den leisesten Schnörkel in Ihren Schilderungen, der von der Wahrheit abweicht.

Diese absolute Wahrhaftigkeit ist nicht aus moralischen, sondern aus technischen Gründen wichtig. Sie ist das einzige, das Sie davor bewahrt, Intuition und Phantasie zu verwechseln oder zu mischen und nachher nicht mehr unterscheiden zu können.

Wenn Sie während Ihrer Meditation einen vagen Eindruck von Licht hatten, so schildern Sie dies bitte nicht (auch nicht in der Erinnerung) als strahlende Lichtvision. Wenn Sie einen kleinen Unfall erlebt haben, belassen Sie es dabei, bauschen Sie ihn nicht zu einem gewaltigen Drama auf, wenn Sie Ihren Freunden von ihm erzählen.

Noch ein zweiter Punkt ist wichtig, wenn Sie ein klares Unterscheidungsvermögen entwickeln möchten: Legen Sie auf Ihre Eingebungen, Meditationserlebnisse und eventuellen Visionen kein Gewicht. Nehmen Sie sie dankbar, aber mit Leichtigkeit an, in dem Bewußtsein, daß es sich dabei um etwas ganz Natürliches handelt – nehmen Sie sie einfach wahr und wenden Sie sich dann den Aufgaben des Lebens zu. Widmen Sie diesen Aufgaben Ihre ehrliche Aufmerksamkeit, achten Sie sie, führen Sie auch die einfachsten Tätigkeiten mit Respekt und Achtsamkeit aus. Träumen Sie nicht an der Realität vorbei von vergangenen Visionen und Eingebungen. Sonst geraten Sie leicht in Phantasiewelten und verlieren Ihren Realitätssinn. Außerdem laufen Sie Gefahr, sich zu wichtig zu nehmen – dies ist eine der größten Fallen auf dem spirituellen Weg und ein Hindernis auf dem Weg zum höheren Selbst.

Übung 7.2: Das Intuitionstagebuch

• Es empfiehlt sich, für diese Übungsphase ein Tagebuch anzulegen, in dem Sie jeweils solche Eingebungen, Gefühle und Ahnungen (mit Angabe von Uhrzeit und Datum) notieren, die sich auf ein zukünftiges Ereignis beziehen. Danach lassen Sie Platz für spätere Anmerkungen. Beispiel: »15.12., 14 Uhr. Habe den vagen Eindruck, daß Tante Agatha demnächst zu Besuch kommen wird.« Wenn Tante Agatha wirklich bald darauf erscheint, tragen Sie ein: »Tante Agatha am 17.12. tatsächlich eingetroffen.«

Wenn Ihre Voraussage sich nicht bewahrheitet, lassen Sie den Platz einfach frei.
- Seien Sie genau und ehrlich dabei, sonst nutzt die Übung nicht.

Zusammenfassung der Übungsphase 7 (Intuition oder Phantasie)

Für diese gesamte Phase
- Ehrlichkeit und Genauigkeit in Gedanken und Worten (Übung 7.1).
- Anlegen und Führen eines Intuitionstagebuchs (Übung 7.2).

8

Erstes Gespräch mit dem höheren Selbst: Die meditative Befragung

Diesem Kapitel schicke ich eine Warnung voraus. Sie ist sehr ernst gemeint. Bitte unternehmen Sie auf keinen Fall die folgenden Schritte, ohne die vorherigen absolviert zu haben! Denn ansonsten laufen Sie Gefahr, in die Irre geführt zu werden und als Konsequenz daraus die Orientierung zu verlieren.

Bisher haben wir die innere Stimme als etwas wahrgenommen, das unvermutet über uns hereinbricht und sich unserer Einflußnahme entzieht. (Vielleicht sind Sie durch das vorangegangene Training schon von allein einen Schritt weitergekommen und haben festgestellt, daß Sie mit der inneren Stimme in Dialog treten können. Wir gehen hier davon aus, daß das noch nicht geschehen ist.)

Wie können wir erreichen, daß die innere Stimme dann zu uns spricht, wenn wir es wünschen und brauchen?

In einigen Büchern wird eine Methode geschildert, bei der man im Verlauf einer Bewußtseinsreise im Zustand tiefer Entspannung seinem inneren Meister gegenübertritt und mit ihm sprechen kann. Hierbei nimmt möglicherweise das höhere Selbst die Gestalt eines bestimmten Meisters an, um den Dialog zu ermöglichen. Diese Methode kann nützlich sein, sie kann uns aber auch von unserem Ziel entfernen, je nachdem, wie wir sie anwenden und verstehen. Denn das, was wir suchen (daran muß man sich immer wieder erinnern), ist ja kein anderes Wesen, nicht jemand anderer als wir selbst, sondern es ist unser eigenes Selbst – mit anderen Worten: Wir sind es selbst.

Ich empfehle deshalb eine Methode, die direkter vorgeht und dieser Tatsache Rechnung trägt.

Übung 8.1: Die Technik der meditativen Befragung

- Versetzen Sie sich in einen meditativen Zustand (Übung 3.1; diese Vorbereitung ist unerläßlich).
- Treten Sie aus dem Fluß des Geschehens und der Gedanken zurück, indem Sie sich in Ihrem Körper wie in einem Sessel zurücklehnen.
  Entspannen Sie sich.
- Richten Sie Ihr Rückgrat mit einer subtilen Bewegung noch einmal auf. Stellen Sie sich am Scheitelpunkt Ihres Kopfes eine Öffnung vor, durch die Licht einströmt.
- Zentrieren Sie sich im Herzen (im energetischen Herzzentrum in der Mitte Ihrer Brust). Werden Sie sich Ihres Herzens, des Zentrums Ihrer selbst als fühlendem Wesen, bewußt. Atmen Sie in Ihr Herz hinein, spüren Sie, was in Ihrem Herzen vorgeht.
- Fragen Sie Ihr Herz, welche Frage es zur Zeit am meisten bewegt.

- Atmen und spüren Sie weiter in Ihr Herz hinein. Warten Sie ab, ob eine Frage aus Ihrem Herzen auftaucht.

- Wenn keine echte Herzensfrage kommt, wenn da, mit anderen Worten, nichts ist, das Ihnen derzeit »auf den Nägeln brennt«, dann beenden Sie die Meditation mit einer abschließenden Geste und bleiben noch einen Augenblick still sitzen.

- Wenn eine Herzensfrage in Ihrem Bewußtsein auftaucht, formulieren Sie sie und stellen Sie sie in den (inneren) Raum, ohne sie zu beantworten. Lassen Sie einfach die Frage im Raum stehen und bitten Sie Ihr höheres Selbst um Antwort.

- Bleiben Sie weiterhin im Herzen zentriert, entspannen Sie sich und beobachten Sie Ihren Atem. Versuchen Sie nicht, die Frage zu beantworten, entspannen Sie sich nur und warten Sie ruhig ab, was geschieht.

- Die Antwort Ihres höheren Selbst kann jenseits von Worten als unmittelbare Erkenntnis auftauchen wie ein Blitz der Erleuchtung; sie kann als Wortgedanke kommen, als formulierter Satz, als Bild oder als Gefühlseindruck. Es ist auch möglich, daß sie während dieser Meditation überhaupt nicht erscheint oder von Ihnen unbemerkt bleibt. Bleiben Sie dann einfach so lange still sitzen, bis Sie spüren, daß die Meditation abgeschlossen ist, und beenden Sie sie mit einer Geste. Stellen Sie sich darauf ein, daß die Antwort Sie auf anderen Wegen erreicht. Das kann im Traum geschehen oder in der Bemerkung eines Mitmenschen, in einem Buch, im Horoskop Ihrer Tageszeitung… Die Antwort kann aus jeder Richtung erfolgen. Suchen

Sie deshalb bitte nicht nach ihr. Vertrauen Sie darauf, daß sie im richtigen Moment zu Ihnen gelangt.

Wenn Ihre Frage eine echte Herzensfrage war, dann zieht sie die Antwort unweigerlich nach sich. Genaugenommen ist es sogar so, daß Sie die Frage deshalb gestellt haben, weil die Antwort zu Ihnen kommen wollte. Manchmal ergibt sich die Antwort auch aus Ereignissen oder Handlungen.

Wenden Sie Ihre Aufmerksamkeit einfach dem täglichen Leben zu. Erscheint es Ihnen notwendig, können Sie die Meditation wiederholen. Wenn verschiedene Fragen Sie bewegen, kann es gut sein, zu Anfang in jeder Meditationssitzung nur eine Frage zu stellen. Manchen Menschen gelingt es, sofort in einen kontinuierlichen Dialog mit ihrem höheren Selbst einzutreten. Sie werden selbst spüren, wie Sie am besten vorgehen sollen.

Wenn Sie nicht gleich Erfolg haben, bleiben Sie geduldig am Ball. Prüfen Sie, ob Sie die vorhergehenden Schritte gründlich genug studiert und durchgeführt haben. Wiederholen Sie sie, wenn Sie zu oberflächlich vorgegangen sind. Bleiben Sie geduldig und vertrauensvoll. Erinnern Sie sich an das Gesetz der Vollkommenheit. Alles geschieht zur richtigen Zeit.

An anderer Stelle werden wir auf weitere Techniken des inneren Dialogs eingehen. Zuvor aber müssen wir, damit wir den gewünschten Sender (das höhere Selbst) auch tatsächlich und zielsicher erreichen, unseren Empfänger (das Bewußtsein) noch genauer ausrichten. Sonst besteht die Gefahr, daß wir andere Sender empfangen, ohne es zu bemerken; und statt der wahren Botschaften unseres höheren

Selbst, die uns schnurgerade auf unseren eigenen Weg zu Glück, Liebe und Erfüllung führen, erhalten wir Botschaften, die dem eigenen Unterbewußtsein, fremden Geistern oder schlicht der Phantasie entstammen. Wenn wir medial veranlagt sind, laufen wir Gefahr, Empfänger aller möglichen unerwünschten Gedanken und Gefühle zu werden. Dies kann sogar Besetzt- oder Besessenheit zur Folge haben, wenn wir unseren Empfänger nicht präzise ausrichten.

Zusammenfassung der Übungsphase 8 (Meditative Befragung)

Während der gesamten Übungsphase

- Täglich:
  die Grundtechnik der Meditation praktizieren (Übung 3.1);
- die Erdungsübung »Wurzeln schlagen« durchführen (Übung 2.1).
- Zusätzlich ein- bis dreimal wöchentlich, je nach Bedarf (aber möglichst nicht öfter, außer bei klarer Eingebung): die Technik der meditativen Befragung (Übung 8.1).

9

Den Sender einstellen:
Prüfung der Motive

Nun sind wir schon fortgeschrittener und betreten
Bereiche mit erhöhten Anforderungen. Hier wird eine
grundlegende Selbstprüfung notwendig, ohne die wir
nicht weiter voranschreiten können. Denn, wie erwähnt, laufen wir sonst Gefahr, unser Ziel zu verfehlen und das psychische Gleichgewicht zu verlieren.

Für die Wahl der Art von Botschaften, die man von
anderen Bewußtseinsebenen empfangen kann, ist das
Motiv entscheidend: Welcher Beweggrund veranlaßt
mich, Informationen aus den geistigen Dimensionen
zu wünschen? Der Zusammenhang ist technischer,
nicht moralischer Art: Das Motiv ist die Senderwahl.
Deshalb ist es spätestens in dieser Phase der Entwicklung unerläßlich, gründlich und ehrlich zu prüfen:
Warum tue ich das eigentlich? Was bezwecke ich?
Welches sind meine Absichten? Wenn Sie glauben, Ihre Beweggründe genau zu kennen, bitte ich Sie, trotzdem die folgende Übung der Motivprüfung durchzuführen. Auch Menschen, die sich über ihre Motive im
klaren sind, sollten sich von Zeit zu Zeit einer Überprüfung dieser Art unterziehen. Motive können sich im
Laufe der Zeit wandeln oder mit anderen Motiven ver-
mengen; es ist wichtig, Klarheit zu haben.

Übung 9.1: Die Motive prüfen

- Begeben Sie sich in einen meditativen Zustand (Übung 3.1).
- Befehlen Sie sich, hellwach und klar zu bleiben.
- Zentrieren Sie sich im Herzen. Fühlen Sie Ihr Herz, atmen Sie in Ihr Herz hinein.
- Stellen Sie sich nun folgende Frage, ohne zu versuchen, sie zu beantworten: »Zu welchem Zweck wünsche ich, Botschaften aus höheren Dimensionen zu empfangen?«
- Horchen Sie in Ihr Herz, Ihren Bauch und Ihren Verstand hinein und registrieren Sie alle auftauchenden Antworten. Ziel ist nicht, das edelste Motiv herauszufinden, sondern das wahre. Wesentlich ist hier nicht das höchste spirituelle Motiv (das hinter allen persönlichen Motiven immer vorhanden ist), der Beweggrund Ihres höheren Selbst, sondern Ihre persönlichen Beweggründe sind wichtig. Sie können sie nur sehen, wenn Sie nicht werten, nicht beurteilen, nicht kritisch »aussieben«, sondern neugierig alles wahrnehmen, was auftaucht. Nachdem Sie sich die Frage vorgelegt haben (Sie können sie auch mehrere Male stellen, wenn es Ihnen sinnvoll erscheint), beobachten Sie also Ihren Atem, Ihre Gedanken, Gefühle und Körperempfindungen, und warten Sie ab, bis alles Material, das mit dieser Frage verbunden ist, aus Ihrem Unterbewußtsein aufgestiegen ist.

Bitte bedenken Sie: Es handelt sich hier nicht um eine richterliche Bewertung Ihrer Motive, sondern um die Wahrheitsfindung. Vielleicht haben Sie hohe Ideale und edle Absichten; dennoch ist es möglich, daß Sie zugleich egoistische Motive entdecken (zum Beispiel: »Ich möchte dadurch mehr Geltung bei meinen Mitmenschen genießen«). Verurteilen Sie sich nicht für derartige Motive, denn sie verschwinden dadurch nicht. Motive sind einfach Motive, jedes hat seinen guten Grund zu existieren. Spüren Sie lieber den Mangel auf, das Bedürfnis, das hinter den egoistischeren Ihrer Motive steckt; empfinden Sie dieses Bedürfnis tief, wenden Sie sich ihm liebevoll und mitfühlend zu und stellen Sie sich darauf ein, daß es erfüllt wird, indem Sie Ihr höheres Selbst darum bitten und sich für die Erfüllung empfänglich machen.

Sobald Sie beginnen zu bewerten, setzen Sie Ihre Wahrhaftigkeit aufs Spiel. Motive, die auf dem Grunde Ihres Gemütes existieren, verstecken sich gleichsam, wenn sie befürchten müssen, von der Peitsche der Verurteilung getroffen zu werden. Seien Sie kein Richter, sondern ein Forscher. Ein Forscher ist neutral und neugierig: Er will alles wissen.

- Fahren Sie mit der Selbstprüfung fort, in dem Sie sich auf die gleiche Weise (im Herzen zentriert und Ihres Atems bewußt) Fragen nach den in Ihrem Leben derzeit aktiven Beweggründen vorlegen, beispielsweise:
  - Was bezwecke ich mit meiner Arbeit?
  - Was bezwecke ich mit meinem Verhalten in dieser oder jener Beziehung?
  Und so fort.

Übung 9.2: Tägliche Motivprüfung in Kurzform

Eine einmalige Übung reicht für eine gründliche Selbstprüfung nicht aus. Reservieren Sie für die Motivprüfung deshalb eine Phase von mindestens einigen Tagen.

* Wiederholen Sie während dieser Zeit jeden Morgen die Übung in verkürzter Form (nachdem Sie sie ein erstes Mal ausführlich durchgeführt haben); versetzen Sie sich in einen meditativen Zustand, entspannen Sie sich, zentrieren Sie sich im Herzen und fragen Sie sich dann nach dem Beweggrund, der Sie zur Kontaktaufnahme mit Ihrem höheren Selbst treibt, ohne sich die Frage zu beantworten. Stellen Sie sich darauf ein, daß die Antworten mit der Zeit von selbst auftauchen.

Übung 9.3: Die Prüfung der Motive im täglichen Leben

* Im täglichen Leben fragen Sie sich während dieser Phase bitte immer wieder: »Was bezwecke ich mit dem, was ich tue?«
* Untersuchen Sie Ihre Handlungen, Ihre Verhaltensweisen, Ihre Reaktionen. Was bezwecken Sie in Wirklichkeit?
* Wenn Sie Beweggründe entdecken, nehmen Sie sie einfach mit Interesse zur Kenntnis. Sie können Motive nicht gewaltsam verändern. Aber es ist in vieler Hinsicht von großem Nutzen, Klarheit über die eigenen Beweggründe zu gewinnen.

Ein Beispiel soll dies verdeutlichen: Jemand möchte Botschaften aus höheren Dimensionen empfangen, um mit darin enthaltenen Informationen seinen Mitmenschen dienen zu können. Bei der Selbstprüfung fragt er sich: Warum möchte ich eigentlich dienen? Aus Liebe natürlich, das ist klar. Bei näherem Hinsehen entdeckt er hinter dem Wunsch zu dienen das Bedürfnis, nützlich zu sein. Bei noch tieferer Untersuchung findet er heraus, daß er meint, nützlich sein zu müssen, um geliebt zu werden. Das tiefste, grundlegende Motiv ist also der Wunsch, geliebt zu werden. Dieser Mensch müßte nun dafür sorgen, daß das Bedürfnis, geliebt zu werden, erfüllt wird – indem er beginnt, sich selbst zu lieben. Hinter dem Bedürfnis, geliebt zu werden, steckt letztlich immer ein Mangel an Selbstliebe. Andere sollen uns lieben, weil wir das nicht können. Aber wie liebt man sich selbst? Wie beginnt man das? Der Schlüssel ist die Zuwendung: Selbstzuwendung. Wir wenden uns aufmerksam und mitfühlend uns selbst zu. Wir gehen fürsorglich mit unseren Wünschen und Bedürfnissen um und betrachten uns von einem überpersönlichen Standpunkt aus (etwa dem der göttlichen Mutter, der Mutter des Universums) mit Liebe. Wir sehen unseren Wert als einzigartige Kinder Gottes, einzigartige Miniaturspiegelungen des Kosmos. Wir erkennen unsere grundsätzliche Unschuld an und praktizieren uns selbst gegenüber Güte, Nachsicht, Achtung und bedingungslose Liebe. Natürlich sind wir darin nicht von einem Tag auf den anderen perfekt, aber es läßt sich üben. Dann verliert mit der Zeit der Wunsch, von anderen geliebt zu werden, an Gewicht, und man kann nun frei von dem zwingenden Einfluß dieses

Bedürfnisses untersuchen, ob man sich immer noch von ganzem Herzen wünscht, Botschaften aus höheren Dimensionen zu empfangen, und wenn ja, zu welchem Zweck.

Falls der Zweck darin liegen sollte, die eigene Erkenntnis zu vertiefen, empfehle ich, statt der nun folgenden Dialogtechniken mit dem höheren Selbst den Weg der Meditation und der beständigen spirituellen Übung im Alltag zu wählen. Oder ist es Ihr Ziel, Führung im täglichen Leben zu erhalten? Dann ist der hier eingeschlagene Weg der richtige, am wichtigsten ist dabei allerdings die allgemeine Schulung der Intuition (siehe Kapitel 6).

Zusammenfassung der Übungsphase 9 (Prüfung der Motive)

Anfang der Übungsphase
- Am Beginn steht eine ausführliche Kontemplation: die Motivprüfung (Übung 9.1).

Während der gesamten Übungsphase
- Täglich: Die Motivprüfung in Kurzform (Übung 9.2).
- Im täglichen Leben: Hinterfragen Sie während dieser Phase bei jeder Gelegenheit Ihre Motive. (Warum tue ich das? Was bezwecke ich damit? Was will ich erreichen? Und so weiter. – Übung 9.3).

10

Das Programm wählen: Ausrichtung auf die Wahrheit

Sie werden nur in der Lage sein, mit Ihrem wahren höheren Selbst in Dialog zu treten oder es gar durch Sie sprechen zu lassen, wenn Sie ganz auf Wahrheit ausgerichtet sind. Nehmen wir an, Sie möchten von Ihrem höheren Selbst Auskunft darüber erhalten, ob es für Sie wünschenswert sei, mit der Person XY eine engere Beziehung einzugehen. Wenn eine solche Frage Sie bewegt, bestehen verschiedene Möglichkeiten für das, was Sie sich als Antwort wünschen:

* die Bestätigung Ihres Wunsches nach einer Beziehung mit dieser Person; vielleicht hoffen Sie, daß das höhere Selbst Ihnen eine befriedigende Untermauerung für diesen Wunsch liefert (so könnte es Ihnen etwa erläutern, warum diese Beziehung aus spiritueller Sicht etwas ganz Besonderes ist);
* eine Bestätigung Ihrer Furcht vor dieser Beziehung: Sie wünschen sich, das höhere Selbst würde Ihnen abraten;
* die Bestätigung, daß Sie im Hinblick auf Ihre Einschätzung der Angelegenheit recht haben; und so fort.

Oder aber:

- Sie wünschen schlicht und einfach die Wahrheit zu erfahren. Mit dieser Einstellung öffnen Sie sich auch für die Möglichkeit, daß die Auskunft, die Sie von Ihrem höheren Selbst erhalten, Ihnen beim derzeitigen Stand Ihrer Emotionen nicht gefällt. Ferner stellen Sie damit Ihr Bewußtsein auf die höchst- und bestmögliche Lösung für alle Beteiligten ein. Diese muß nicht immer mit Ihren momentanen persönlichen Absichten übereinstimmen.

Übung 10.1: Bin ich bereit für die Wahrheit?

- Prüfen Sie bitte ehrlich: Sind Sie bereit, die Wahrheit zu empfangen und nichts als die Wahrheit? Das heißt nicht, daß Sie keine Wünsche hegen dürfen; aber sind Sie in der Lage, der Wahrheit unter allen Umständen den Vorrang zu geben?
- Wenn Sie das nicht möchten (was durchaus menschlich, üblich und verständlich ist), bedeutet das nicht, daß Sie den Kontakt zu Ihrem höheren Selbst verlieren beziehungsweise nicht erreichen können. Aber Sie sollten dann auf die im folgenden beschriebene Dialogtechnik verzichten und sie zunächst durch einen Monolog ersetzen: durch das aktive Gebet (Kapitel 5).
Setzen Sie sich mit Ihrem höheren Selbst dadurch in Verbindung, daß Sie es ansprechen. Tragen Sie ihm Ihre Lage und Ihre Wünsche vor. Bitten Sie, wenn Ihnen wirklich daran liegt, um ihre Erfüllung – sollte es Ihnen möglich sein, so fügen Sie Ihren

Wünschen sinngemäß hinzu: »Wenn du aber etwas Besseres für mich bereithältst, dann gib mir lieber dieses Bessere; aber mach es mir nicht zu schwer damit.« (»Dein Wille geschehe!«)

- Eine Zeitlang beten Sie nun täglich oder regelmäßig auf diese Weise und beobachten die Ereignisse und Zusammenhänge Ihres äußeren und inneren Lebens im Lichte dieser Gebete aufmerksam. Erst danach sollten Sie Ihre Einstellung erneut überprüfen. Vielleicht haben Sie inzwischen die Weisheit und das Vertrauen gewonnen, die es Ihnen ermöglichen, sich für die Wahrheit Ihres höheren Selbst zu öffnen.

- Wenn Sie in aller Ehrlichkeit feststellen, daß Sie bereit sind, Wahrheit und nichts als Wahrheit zu empfangen, dann und nur dann können Sie den nächsten Schritt erfolgreich unternehmen.

Ich wiederhole: Bitte gehen Sie den nächsten Schritt (Kapitel 11) auf keinen Fall, ohne alle vorherigen Schritte ausgeführt zu haben! – Zunächst aber gilt es noch die folgende wichtige Übung zu absolvieren.

Übung 10.2: Die Ausrichtung auf Wahrheit

Für diese Übung benötigen Sie etwa eine halbe Stunde; es wäre jedoch gut, wenn Sie sich eine Stunde Zeit nähmen, damit Sie um die eigentliche Übung herum eine zeitliche Pufferzone zur Verfügung haben.

Legen Sie eines der Meister-Gebete bereit, mit denen Sie in der Übungsphase »Gebet« (Übung 5.2) gearbeitet haben.

Schaffen Sie sich einen »heiligen Raum«. (Reinigen Sie Ihren Meditationsplatz, zünden Sie eine Kerze an, stellen Sie Blumen auf – bereiten Sie alles so vor, wie Sie es für eine heilige Handlung für angemessen halten.)

- Sprechen Sie das ausgewählte Gebet im Stehen.
- Setzen Sie sich und begeben Sie sich in einen meditativen Zustand (Übung 3.1).
- Zentrieren Sie sich im Herzen. Atmen Sie mit dem Herzen, fühlen Sie Ihr Herz, lassen Sie es hell und warm darin werden.
- Machen Sie sich bewußt, daß das Herz gleichsam Ihr innerer Tempel ist: der Ort, an dem Sie Ihrem höheren Selbst begegnen, und zugleich der Ort, an dem Sie das fühlende Zentrum aller anderen Wesen berühren können. Und es ist der Ort, von dem Ihr Licht in die Welt ausstrahlt.
- Werden Sie sich der Gegenwart Gottes, Ihres höchsten und tiefinnersten Selbst, gewahr.
- Bitten Sie nun Ihr höheres Selbst, Ihnen einen Kompaß für Wahrheit zu schicken. Das kann beispielsweise die Gestalt eines bestimmten Meisters, Heiligen oder eines anderen Menschen sein – eines Wesens, das so beschaffen ist, daß Sie in seiner Gegenwart niemals anders als ganz wahrhaftig sein können. Oder ein Satz, ein Symbol, ein Bild, eine Erinnerung, ein Wort – irgend etwas, das für Ihr Bewußtsein einen Code darstellt, der in Ihnen absolute Wahrhaftigkeit auslöst. Prägen Sie sich diesen »Kompaß« gut ein.
- Verpflichten Sie sich der Wahrheit. Erklären Sie auf Ihre Weise und mit Ihren Worten, daß Sie bereit sind, die Wahrheit zu hören, die Ihr höheres Selbst

Ihnen mitteilt. Sagen Sie, daß Sie bereit sind, in Ihren Gedanken, Ihrem Handeln und Ihrem Sprechen wahrhaftig zu sein (was nicht heißt, jederzeit alles aussprechen zu müssen, was Sie denken); daß Sie bereit sind, sich in Ihren Beziehungen der Wahrheit zu öffnen (dies hat auch zur Folge, daß man zuzuhören lernt und die Wahrheit des Gesprächspartners zu erfassen versucht). Versichern Sie, daß Sie bereit sind, der Wahrheit des jeweiligen Augenblicks entsprechend zu handeln, Ihrer inneren Wahrheit treu zu sein, der Wahrheit zu dienen. Bitte wählen Sie diejenigen Versprechen aus, die Sie wirklich freien Herzens geben können, und nicht solche, zu denen Sie zum gegenwärtigen Zeitpunkt nicht stehen.

Wenn Sie allerdings nur eine sehr eingeschränkte Verpflichtung zur Wahrheit auf sich zu nehmen vermögen, rate ich dringend davon ab, die nächsten Schritte zu vollziehen. Sie haben mit der Technik der meditativen Befragung (siehe Kapitel 8) bereits das hauptsächliche und grundlegende Instrument zum Dialog mit Ihrem höheren Selbst an die Hand bekommen. Üben Sie diese Technik (Übung 8.1), wann immer Sie das Bedürfnis danach haben, und arbeiten Sie weiter an den Übungen der vorangegangenen Kapitel. Kehren Sie erst nach geraumer Zeit an diese Stelle zurück und gehen Sie nur dann weiter, wenn Ihr Bedürfnis nach Wahrheit und Ihre Fähigkeit, sich der Wahrheit zu verpflichten, zugenommen haben.

• Nachdem Sie sich auf Ihre Weise der Wahrheit verpflichtet haben, vergegenwärtigen Sie sich wiederum die göttliche Gegenwart. Fühlen Sie sie in Ihrem Herzen. Werden Sie still und empfänglich. Atmen Sie ruhig und gleichmäßig, entspannen Sie sich.

- Beenden Sie die Meditation, nachdem Sie sich den empfangenen »Kompaß« noch einmal eingeprägt haben, mit einer angemessenen Geste.
- Stehen Sie auf und sprechen Sie zum Abschluß noch einmal Ihr Gebet.

Wenn Sie Ihre Versprechen geleistet haben und besten Willens, aber nicht sicher sind, ob Sie sie halten können, dann bitten Sie um die Kraft, die es Ihnen ermöglicht, diese Zusagen einzulösen. Sich der Wahrheit zu verpflichten ist übrigens keine Belastung, sondern eine Befreiung. Sobald Sie die ersten Schritte auf diesem Weg getan haben, fühlen Sie, daß eine gewaltige Last von Ihnen genommen wird. Natürlich kann man nicht von einem Tag auf den anderen alle Lügen, Übertreibungen, Schönfärbereien aus seinen Aussagen, alle Schnörkel aus seinem Verhalten und alle Masken von seinem Gesicht entfernen. Man nähert sich der Wahrheit Schritt für Schritt. Aber jeder Schritt ist Freude und Befreiung. Und in den meisten Fällen reagieren die Mitmenschen auf die neue Ehrlichkeit positiv.

Allerdings bedeutet Ehrlichkeit nicht, anderen ständig das zu sagen, was man in bezug auf sie für wahr hält. Denn was man über andere Menschen denkt, ist nicht die Wahrheit, sondern nur das eigene, notgedrungen unzulängliche Urteil. Wahrhaftig zu sein heißt vor allem, sich selbst nichts vorzumachen, in seinem Verhalten aufrichtig zu sein, in seinen Erzählungen und Schilderungen nicht schönzufärben und nicht zu übertreiben. Dazu gehört auch, ja zu sagen, wenn man ja meint, und nein, wenn man nein meint, zornig zu sein, wenn man zornig ist (man erlaubt sich, seinen Zorn gründlich zu fühlen, nicht unbedingt aber, ihn über andere auszuschütten!), und traurig zu sein wenn man traurig ist. Es verlangt, man selbst zu sein und nicht eine Kunstfigur, die geschaffen wurde, um andere zu beeindrucken oder milde zu stimmen.

Warum ist Wahrheit so wichtig? – Aus mehreren Gründen sind Wahrheit und Wahrhaftigkeit für uns wesentlich.

Erster Grund: Unser höheres Selbst ist unser wahres Selbst; es ist durch und durch Wahrheit. Wahrhaftigkeit bringt uns ihm nahe, Lüge und Unechtheit entfernen uns von ihm.

Zweiter Grund: Wie bereits erläutert, versetzt nur strenge Wahrhaftigkeit uns in die Lage, die Stimme unseres höheren Selbst von der Phantasie zu unterscheiden.

Dritter Grund: Mit allem, was von der Wahrheit abweicht, stiften wir in unserem Inneren Wirrwarr und Unklarheit, eine Art Kabelsalat, der den Kontakt mit dem höheren Selbst erschwert.

Vierter Grund: Das Lügen in jeder Form verbraucht Energie, und chronisches Lügen, beispielsweise zur Aufrechterhaltung der sogenannten »Maske« (der Person, die wir zu sein vorgeben), bindet Energie, die ansonsten frei fließen könnte.

Fünfter Grund: Die größte Gefahr in unserem Zusammenhang liegt darin, daß Botschaften, die das höhere Selbst uns schickt, nicht klar und unverfälscht

119

in unser Bewußtsein gelangen, sondern in das subtile Netzwerk unserer Lügengewebe fließen und, ohne daß wir es bemerken, verfälscht in unserem Bewußtsein ankommen.

Das alles bedeutet nicht, daß es unmöglich ist, unverfälschte Botschaften von seinem höheren Selbst zu empfangen, wenn man nicht immer und unter allen Umständen ehrlich ist. Aber die Übung der Ehrlichkeit klärt unser Bewußtsein, reinigt es für das Empfangen der Informationen aus höheren Dimensionen, schärft unser Unterscheidungsvermögen, setzt unsere Energie frei, erlöst unser Gewissen (ein sehr wichtiger Punkt, wie wir in Kapitel 4 gesehen haben) und versetzt uns in die Lage, uns den Wahrheiten unseres höheren Selbst (anstatt irreführenden Stimmen) zu öffnen.

Wichtig ist nur die aufrichtige Bereitschaft, der Wahrheit zu dienen und immer wieder von neuem den ernsthaften Versuch zu unternehmen, wahrhaftig und authentisch zu sein. Bitte erwarten Sie kein perfektes Ergebnis von sich. Sie sollten überhaupt keine Ergebnisse erwarten, sondern einfach Ihre Bereitschaft überprüfen und immer wieder üben. Das ist alles, was erforderlich ist.

Leistung zählt nicht, ist uninteressant in den Bereichen, um die es sich hier handelt. Nur das ehrliche Bemühen ist wichtig.

Und, ich wiederhole es, weil diesbezüglich so viele Mißverständnisse herrschen: Den Weg der Wahrheit zu gehen, ist keine harte Bußübung – es ist, wie gesagt, Freude und Befreiung. Mit jedem Schritt wird man leichter. (»Die Wahrheit macht dich frei!«) Je wahrhaftiger Sie sind, desto leichter werden Sie. Und je leichter Sie sind, desto freier können Sie tanzen.

Und wenn Sie sich bei einer saftigen Lüge ertappen? Das ist nicht so schlimm. Nur sollten Sie wissen, daß Sie gelogen haben. Niemand ist verpflichtet, seinen Mitmenschen über all seine Handlungen und Gedanken gewissenhaft Bericht zu erstatten. Aber im eigenen Inneren muß Klarheit herrschen. Sonst ist weiterer Fortschritt auf unserem Weg nicht möglich.

Bitte räumen Sie dieser Übungsphase viel Zeit ein. Es ist Ihre freie Wahl, ob Sie Wochen oder Monate investieren. Aber es ist wichtig zu wissen, daß dieser Phase eine zentrale Bedeutung zukommt.

Die Empfehlungen dieses und des vorangegangenen Kapitels gelten übrigens in verstärktem Maße für all jene, die es sich zum Ziel gesetzt haben, nicht oder nicht nur für sich selbst, sondern für andere Menschen mit dem höheren Selbst in Verbindung zu treten und Botschaften zu kanalisieren (zu »channeln«). Auch hier gilt das Gesetz: Das Motiv bestimmt, für welchen Sender wir als Kanal dienen. Die Motive können höchst unterschiedlich sein. Natürlich steht bei den meisten Menschen der Wunsch im Vordergrund, zu dienen und zu helfen. Aber nur bei äußerst ehrlicher Selbstprüfung ist man in der Lage, die subtileren persönlichen Beweggründe zu finden, die sich möglicherweise dahinter verstecken (wie zuvor an einem Fallbeispiel geschildert). So unwichtig und lächerlich sie erscheinen mögen – sie beeinflussen die Sendereinstellung wesentlich, solange sie nicht entdeckt, durchschaut, angenommen, verstanden und *dann erst* transformiert beziehungsweise dem höheren Zweck angepaßt worden sind.

Ein solches verstecktes Motiv könnte es sein, sich selbst und der Mitwelt etwas Glanzvolles zu bieten. Ein Beweggrund dieser Art könnte dazu führen, daß man besonders beeindruckende Botschaften erhält, die von illustren Wesenheiten stammen oder zu stammen scheinen. Oder man hat das Bedürfnis, Macht auszuüben. Wenn man echte mediale Begabung besitzt, kann das dazu führen, daß man Botschaften erhält, die tiefe Einblicke in die Persönlichkeit des Gesprächspartners geben, so daß man sich unter ihrem starken Eindruck der Einflußnahme des Mediums mehr und mehr öffnet.

Mancher hat vielleicht überhaupt kein klares Motiv, sondern einfach den vagen Wunsch, es einmal zu versuchen. Wenn er nicht sensitiv ist, hat er Glück, weil er seine Versuche dann wahrscheinlich bald einstellt, nachdem er gesehen hat, daß sich aus seinen Übungen keine brauchbaren Resultate ergeben, sondern nur Ausflüsse seiner Phantasie. Ist er aber sensitiv, so kann es geschehen, daß er Spielball aller möglichen unkontrollierbaren telepathischen Einflüsse wird. Für seine seelische und geistige Gesundheit und die seiner Klienten ist dies höchst gefährlich.

Allen, die sich wünschen, für andere Menschen Botschaften aus höheren Dimensionen zu kanalisieren, sei deshalb geraten, die Übungen dieses und des vorigen Kapitels mit besonderer Klarheit und Aufrichtigkeit durchzuführen und sie in gewissen Abständen (etwa halbjährlich) regelmäßig zu wiederholen.

Ich persönlich ziehe es vor, nur noch für Bücher, Seminare und ähnliches Botschaften des höheren Selbst zu kanalisieren und nicht zum Zwecke persönlicher Beratung. Statt dessen gebe ich Übungen weiter, die die Menschen in die Lage versetzen, direkt in Kontakt mit ihrem höheren Selbst zu kommen. Dies erscheint mir für den Ratsuchenden auf Dauer gesünder und konstruktiver, als ihn jedesmal ein Medium aufsuchen zu lassen, wenn er mit seinem eigenen höheren Selbst sprechen möchte.

Jedem, der mich fragt, wie man das »Channeln« als mediale Beratungstätigkeit erlernen kann, empfehle ich deshalb, davon Abstand zu nehmen (und auch aus anderen Gründen: beispielsweise, weil die mediale Tätigkeit viel Energie verbraucht und den Ausübenden äußerst empfindlich macht). Viele Menschen möchten es lernen, weil sie sich davon eine Beschleunigung der eigenen Erleuchtung versprechen. Aber wer Erleuchtung sucht, sollte nicht den Weg des Mediums, sondern den des Meisters gehen, das heißt sich einer spirituellen Schulung unterziehen, fleißig meditieren und seine Erkenntnisse verwirklichen. Das Durchgeben von Botschaften läßt uns nicht reifer und weiser werden als andere, das weiß ich aus eigener Erfahrung. Keine noch so erleuchtende Botschaft kann uns die Arbeit an uns selbst abnehmen – schon gar nicht, wenn die Botschaft für einen anderen Menschen gedacht ist.

Nur wer das klar erkennbare Talent und die unzweifelhafte Berufung zur »Kanalarbeit« in sich verspürt, sollte die anstrengende und verantwortungsvolle Tätigkeit eines Mediums auf sich nehmen. Im übrigen bin ich der Ansicht: Wer anderen wirklich helfen will, kann das weitaus besser tun, indem er sich mit aller Aufrichtigkeit darum bemüht, ein wundervoller und inspirierender Mensch zu werden. Er dient ihnen mehr, wenn er lernt, sich selbst und andere zu lieben und zu achten und mit ganzem Herzen zuzuhören, anstatt Rat zu geben. Er wird wertvoller für sie, wenn er den Kontakt mit seinem höheren Selbst beständig pflegt, um sich seiner großartigen Weisheit, Intelligenz, Kraft und Liebe zu öffnen und im Laufe der Zeit mehr und mehr davon in seinem Leben und Wesen zum Ausdruck zu bringen. Nichts ist für uns alle förderlicher als die Begegnung mit einem Menschen, der in seinem Wesen, seiner Ausstrahlung und seinen Handlungen Schönheit manifestiert, der inspiriert ist, Kraft und Freiheit verkörpert, der wahrhaftig und friedfertig, offen und mitfühlend ist und Liebe verströmt.

Zusammenfassung der Übungsphase 10 (Ausrichtung auf Wahrheit)

Zu Beginn
- Einmal ausführlich: die Bereitschaft zum Empfang der Wahrheit – und nichts als der Wahrheit – überprüfen (Übung 10.1).

In der Mitte der Übungsphase
- Ausführliche Zeremonie: die Ausrichtung auf Wahrheit (Übung 10.2).

Während der gesamten Übungsphase
- Jeden Tag: sich auf Wahrheit einstellen.
- Im täglichen Leben: Wahrhaftigkeit und Echtheit üben.

11

Das höhere Selbst befragen:
Drei Dialogtechniken

Unter der steten Voraussetzung, daß Sie alle vorangegangenen Stufen erklommen haben, sind Sie nun
auf einer Ebene angelangt, auf der es Ihnen möglich
sein sollte, mit Ihrem höheren Selbst in den Dialog zu
treten. Allerdings muß ich einschränkend dazu bemerken, daß zu dieser und den folgenden Techniken
auch Begabung gehört. Haben Sie jedoch schon so
viel ernsthaftes Interesse aufgebracht, um sich bis
hierhin vorzuarbeiten, so steht zu vermuten, daß diese Begabung bei Ihnen vorhanden ist. Wenn Sie dennoch kein Ergebnis mit den geschilderten Dialogtechniken erzielen, kann es daran liegen, daß Ihre
Begabung zur Kommunikation mit den höheren Ebenen auf einem anderen Gebiet liegt (zum Beispiel im
künstlerischen oder wissenschaftlichen Bereich; vielleicht manifestiert sich diese Kommunikation schon
längst auf selbstverständliche Weise in Ihren Tätigkeiten). In diesem Fall ist es besser, sich auf die Gebie-
te zu konzentrieren, für die sich eindeutig Begabung
und Inspiration zeigen, als fruchtlose Versuche zu unternehmen, die zu Enttäuschung führen.

Weitere Gründe für einen Mißerfolg können natürlich darin liegen, daß eine der vorangegangenen

Übungsabschnitte übersprungen oder nicht sorgfältig durchgearbeitet wurde. In diesem Fall gilt es herauszufinden, in welchem Bereich Sie »Überstunden leisten« müssen.

Und schließlich mag es auch daran liegen, daß die Zeit nicht reif, beziehungsweise daß zur Zeit anderes wichtiger ist.

Probieren wir es aus!

Übung 11.1: Das meditative Schreiben

- Legen Sie Stift und Papier bereit und nehmen Sie eine bequeme Meditationshaltung ein.
- Rufen Sie Ihr höheres Selbst.
- Entspannen Sie sich, und versetzen Sie sich (wie in Übung 3.1 beschrieben) in einen meditativen Zustand.
- Ziehen Sie sich aus dem Strom des Geschehens und der Gedanken zurück, indem Sie sich in Ihrem Körper wie in einem Sessel zurücklehnen. Entspannen Sie sich jetzt erneut.
- Zentrieren Sie sich im Herzen.
- Horchen Sie in Ihr Herz hinein: Welche Frage bewegt es im Augenblick am meisten? Vergessen Sie eventuell vorbereitete Fragen und finden Sie heraus, was Ihnen jetzt wirklich am Herzen liegt.
- Schreiben Sie Ihre Frage auf. Versuchen Sie nicht, sie zu beantworten.
- Lehnen Sie sich erneut zurück, vertiefen Sie Ihre Entspannung und fegen Sie Ihren Geist leer, indem Sie sich auf jeden einzelnen Atemzug konzentrieren.

- Bitten Sie nun Ihr höheres Selbst, Ihnen eine Antwort auf Ihre Frage zu diktieren.
- Atmen Sie bewußt, vertiefen Sie Ihre Entspannung und warten Sie ruhig ab, was geschieht.
- Sobald Sie einen klaren Impuls zum Schreiben bekommen, beginnen Sie aufzuschreiben, was auch immer notiert werden will. Schreiben Sie, ohne sich durch Kommentare Ihres kritischen Verstandes beirren zu lassen. Ihr kritischer Verstand wird seinen Großeinsatz später haben – nicht jetzt.
- Wenn der Informationsstrom versiegt ist, halten Sie inne, lehnen sich wieder zurück und warten darauf, ob weitere Fragen auftauchen oder ob Sie den Dialog beenden möchten.
- Bedanken Sie sich für die Antwort und schließen Sie die Sitzung mit einer ehrfurchtsvollen Geste ab.

Jetzt erst ist der Augenblick gekommen, das Aufgeschriebene zu lesen und einer kritischen Prüfung zu unterziehen. Handelt es sich tatsächlich um eine Information, die Ihrem höheren Selbst entspringt?

Woran kann man das erkennen? – Eigentlich müßte ich sagen: Sie wissen es. Sie wissen es sofort und ohne Zweifel. Aber die meisten Menschen trauen ihrer Intuition nicht. Deshalb seien hier einige Kriterien aufgeführt, an denen Sie eine echte Botschaft des höheren Selbst identifizieren können:

1. Die Botschaft ist von Liebe, Nüchternheit und einer Art gelassener Heiterkeit getragen; manchmal kann ihr Inhalt auch aufrüttelnd sein, aber nie ohne Liebe und Nüchternheit.
2. Sie kann durchschlagend wie ein Blitz der Er-

leuchtung auf Sie wirken (in diesem Falle wird allerdings kaum Zweifel in bezug auf ihre Echtheit herrschen).

3. Die in Ihnen erzeugte Resonanz ist harmonisch. Sie erkennen die Wahrheit der Aussage im tiefsten Inneren wieder. Auch wenn sie überrascht, ist sie doch gleichzeitig zutiefst plausibel und vertraut.

Vorsicht ist jedoch bei den nachfolgenden Merkmalen geboten, sie bedeuten negative Kriterien:

- Die Botschaft stellt Sie im Vergleich zur übrigen Menschheit als etwas ganz Besonderes heraus. (Bedenken Sie, daß das höhere Selbst eine überpersönliche Instanz ist; es liebt und achtet Ihre Persönlichkeit, ist sich aber zugleich seiner Einheit mit allem Seienden bewußt.)
- Die Botschaft setzt Sie herab oder verurteilt Sie.
- Die Botschaft enthält finstere, beängstigende oder bedrückende Elemente oder einengende Forderungen (beispielsweise Drohungen oder restriktiv umrissene Moralvorschriften).
- Die Botschaft hinterläßt einen schlechten Nachgeschmack oder erzeugt Angst, Wut, Trauer oder Zweifel.

Möglicherweise bestehen noch andere Kriterien, die sich aber im Augenblick meiner Kenntnis entziehen.

Am einfachsten ist es, Sie halten sich immer zweierlei vor Augen:

1. Ihr höheres Selbst ist Ihr ureigenster Wesenskern; deshalb werden seine Botschaften niemals Ge-

danken, Färbungen oder eigentümliche Formulierungen enthalten, die Ihnen völlig fremd sind.
2. Ihr höheres Selbst ist eins mit dem einen und einzigen Selbst aller Lebewesen; seine Botschaften
werden Sie deshalb niemals höher (oder niedri-
ger) bewerten als den Rest des Universums.

Wenn Sie die Übungen des »Wahrheitskapitels« ernsthaft und gründlich durchgeführt haben, wird es Ihnen
ein leichtes sein, festzustellen, ob Ihre Botschaft von
Ihrem höheren Selbst stammt oder nicht. Sollten Sie
Schwierigkeiten mit der Unterscheidung haben, dann
kehren Sie bitte zum vorangegangenen Kapitel zurück und üben die dort vorgeschlagenen Techniken
noch einmal eine gewisse Zeitlang.

Bitte bewahren Sie die Niederschrift auf, datieren
Sie sie und ergänzen Sie sie mit einer Kurzbeschreibung der Lebenssituation, aus der sie hervorgegan-
gen ist. Wenn Sie sie nach längerer Zeit wieder lesen,
werden Sie mit Sicherheit wissen, ob die Botschaft
Ihrem höheren Selbst entstammt – das Leben selbst
wird Ihnen die Antwort geben. Die Rückschau zeigt
Ihnen auch, ob die Botschaft Ihres höheren Selbst unverfälscht in Ihr Bewußtsein gelangte, oder ob Sie sie
mit Wunschgedanken oder eigenen Interpretationen
vermengt haben. Sie erkennen es einfach aufgrund
der inzwischen erfolgten Entwicklung der Gescheh-
nisse und aufgrund Ihres nun größeren Reifegrades.

Diese Technik sollte nach Möglichkeit nicht allzu
häufig angewandt werden, auf jeden Fall nur dann,
wenn Sie wirklich eine Frage auf dem Herzen haben
– nicht einfach zum Spaß, aus Neugier oder aus Gier
nach mehr. Nur echte Fragen ziehen echte Antworten

herbei. Wer aus Neugier oder Gier mit diesen Techniken experimentiert, öffnet sich allem möglichen, nur nicht der Weisheit seines höheren Selbst.

Falls Sie fast immer mit der Maschine schreiben und nur selten mit der Hand, ist es viel leicht einfacher für Sie, die Übung an der Schreibmaschine oder am Computer durchzuführen. Die Technik ist die gleiche. Bitte probieren Sie beide Möglichkeiten aus, wenn das auf Sie zutrifft.

Übung 11.2: Der innere Dialog beim Spazierengehen

Diese Technik eignet sich nur für Menschen, die auf langen, einsamen Spaziergängen zu sich zu finden pflegen. Wichtig ist, daß Ihnen viel Zeit zur Verfügung steht. Ungeduld und Eile vereiteln den Erfolg.

Für die meditative Phase Ihres Spaziergangs wählen Sie bitte eine Gegend aus, in der Sie es sich gefahrlos leisten können, Ihre Aufmerksamkeit mehr nach innen als nach außen zu wenden: einen Park etwa. Allerdings muß immer ein Teil Ihrer Aufmerksamkeit als Wächter Ihrer Sicherheit bei der Umgebung verbleiben. Haben Sie Eile, Ungeduld, Gedanken an Zeit und Entfernung überwunden und genießen in ruhigem Gemütszustand das Spazierengehen, kann der innere Dialog beginnen.

• Leiten Sie ihn ein, indem Sie bereits beim Spazierengehen selbst die innere Stimme Ihre Schritte leiten lassen; horchen Sie stets auf Ihr Gefühl, auf Ihre Eingebung, um zu entscheiden, in welche Richtung Sie sich begeben.

- Wenn Sie sehr ruhig geworden sind, bitten Sie Ihr höheres Selbst, mit Ihnen in Dialog zu treten. Haben Sie Fragen auf dem Herzen? Dann stellen Sie nun Ihre erste Frage. Denken Sie nicht über sie nach, stellen Sie sie nur in Gedanken und wandern Sie weiter, ruhig, entspannt und Ihres Atems bewußt. Warten Sie ab, welche Antworten aus Ihrem tiefsten Inneren auftauchen.

- Werden Sie innerlich sehr still und lauschen Sie aufmerksam der Stimme, die aus Ihrem Inneren aufsteigt.

- Wenn sich die innere Stimme nicht meldet, lassen Sie locker. Genießen Sie Ihren Spaziergang. Es muß nicht immer gelingen, vor allem nicht auf Anhieb. Vielleicht ist es nicht der richtige Augenblick, vielleicht ist es nicht die richtige Technik für Sie. Oder Sie haben die vorangegangenen Übungen nicht oder nicht gründlich genug durchgeführt. Ohne diese Vorarbeit werden Sie vermutlich keinen Erfolg erzielen, sondern in der üblichen Art des Selbstgesprächs stecken bleiben.

- Wenn jedoch ein Dialog mit Ihrem höheren Selbst zustande kommt, dann halten Sie ihn bitte im nachhinein schriftlich fest, mit Datum und Kurzbeschreibung der Situation, in der Sie sich befanden, und bewahren Sie die Notiz auf. So können Sie die Gültigkeit und Echtheit des Dialogs später anhand der nachfolgenden Entwicklung Ihres Lebens und aufgrund des größeren Abstandes, den Sie mittlerweile gewonnen haben, leicht überprüfen.

Sie verfügen jetzt über drei Techniken des Dialogs mit Ihrem höheren Selbst:

1. den Dialog in der Meditation (Kapitel 8),
2. die schriftliche Zwiesprache (Übung 11.1),
3. das Zwiegespräch während des Spazierengehens (Übung 11.2).

Übung 11.3: Das Träumen

Dies ist eine weitere Methode, mit dem höheren Selbst in einen Dialog zu treten. Manchen Menschen fällt es leicht, Träume herbeizuführen, in denen ihr höheres Selbst zu ihnen spricht. Vielleicht gehören Sie dazu.

• Zur Vorbereitung ist es notwendig, den Träumen Aufmerksamkeit zu schenken. (Hilfreich ist hierzu das Buch *Kreativ träumen* von PATRICA GARFIELD.) Beschließen Sie, während einer von Ihnen festgesetzten Zeitspanne Ihren Träumen besonders viel Aufmerksamkeit zu widmen. Legen Sie Block und Stift ans Bett, um Ihre Träume sofort beim Aufwachen, gegebenenfalls auch in der Nacht, notieren zu können. Denken Sie tagsüber oft an Ihre Träume. Hierbei ist es nicht so wichtig, Ihre Träume zu interpretieren, sondern sie überhaupt wahrzunehmen und ihnen einen bedeutungsvollen Platz in Ihrem Bewußtsein ein zuräumen.

• Nach dem Ablauf dieser Vorbereitungsphase können Sie dazu übergehen, absichtlich Träume herbeizuführen, in denen Sie mit Ihrem höheren Selbst Dialoge führen. Falls Sie wünschen, daß Ihr höheres Selbst im Traum Fragen beantwortet oder Lösungen für Probleme anbietet, so wählen Sie jeweils eine Frage oder ein Problem aus. Formulieren Sie die Frage oder die Problemstellung so einfach und klar wie möglich. Stellen Sie sich drei Tage lang morgens, tagsüber und abends vor dem Einschlafen darauf ein, im Traum eine Antwort von Ihrem höheren Selbst zu erhalten. Ergänzend können Sie einen Zettel mit Ihrer Frage unters Kopfkissen legen. Notieren Sie jeweils sofort beim Aufwachen alles, was Sie geträumt haben. (Spätestens nach drei Tagen, sagt die Traumforscherin Patricia Garfield, erhalten Sie die gewünschte Antwort – meine Erfahrung bestätigt dies.)

Wie gesagt: Wählen Sie jeweils nur ein Thema aus und nicht mehrere auf einmal. Wählen Sie dasjenige, das Ihr Herz zu diesem Zeitpunkt am meisten bewegt. – Wie schon angedeutet, ist dies beim Frage-und-Antwort-Spiel mit Ihrem höheren Selbst wesentlich: Stellen Sie immer die brennendste Frage zuerst, weniger wichtige (wenn überhaupt) später. Seien Sie eher sparsam mit Fragen; achten Sie die Kostbarkeit dieses Kontakts und vermeiden Sie es, ihn durch unnötige Fragen zu sehr zu strapazieren. Allerdings dürfen, ja sollen Sie weiterfragen, wenn die Antwort Ihnen nicht einleuchtet oder nicht genügt. Gehen Sie allem stets auf den Grund! Das höhere Selbst ist keine unwirsche Autoritätsperson, die es nicht duldet, wenn man zu viel fragt; es ist unendlich geduldig und selbst daran interessiert, daß Sie verstehen.

Und werden Sie sich immer ganz klar über das, was Sie wissen möchten. Fragen Sie aus dem Herzen heraus, finden Sie die Frage, die wirklich Ihre Frage ist. »Auf dem Gipfel deiner Fragen findest du Antwort«, heißt es in *»Die Botschaft der Engel«* von GITTA MALLASZ.

133

Zusammenfassung der Übungsphase 11
(Dialogtechniken)

Zu Beginn
- Es empfiehlt sich eine Wiederholung der Übung »Technik der meditativen Befragung« (Übung 8.1).
  – Diese Übung können Sie auch sonst bei Bedarf jederzeit aufgreifen.

Während der gesamten Übungsphase
- Täglich oder mindestens dreimal wöchentlich: »Wurzeln schlagen« (Übung 2.1).
  Ein Meister-Gebet (Übung 5.2).
  Kurze Ausrichtung auf die Wahrheit (mit Hilfe des Kompasses aus Übung 10.2).
  Grundtechnik der Meditation (Übung 3.1).
  Diese vier Übungen kann man in einer einzigen Sitzung zusammenfassen, deren Gesamtdauer etwa zwanzig bis dreißig Minuten beträgt.
- Nach Wahl und Bedarf, aber nur zwei- bis höchstens dreimal pro Woche (im Anschluß an die Vorbereitung durch die obigen vier Übungen): mit dem höheren Selbst in Dialog treten (Übung 11.1 oder 11.2).
  Falls Sie mit Träumen als Dialogform arbeiten möchten, legen Sie einen Zeitraum fest, innerhalb dessen Sie Ihren Träumen viel Aufmerksamkeit widmen. Notieren Sie sie gleich beim Aufwachen. Führen Sie Träume herbei, in denen Sie mit Ihrem höheren Selbst kommunizieren (Übung 11.3).

12

Botschaften empfangen, ohne Fragen zu stellen: Monolog von oben

Nicht immer haben wir Fragen auf dem Herzen oder Probleme, die uns auf den Nägeln brennen. Manchmal möchten wir uns vielleicht einfach dem öffnen, was unser höheres Selbst uns von sich aus mitteilen will.

Dies ist eine Technik für Fortgeschrittene. Sie auszuprobieren, bevor Sie die vorhergehenden Stufen durchlaufen haben, ist sinnlos. Denn, wie schon erwähnt, erzielen Sie so nicht die gewünschten Resultate, außerdem laufen Sie Gefahr, durch unerwünschte telepathische Fremdeinflüsse genarrt oder geschädigt zu werden. In den psychiatrischen Heilanstalten befinden sich genügend Menschen, die unter solche unguten Einflüsse geraten sind und sie nicht mehr abschütteln können. Nehmen Sie diese Warnungen deshalb bitte ernst.

Wenn Sie alle vorherigen Stadien gründlich und ernsthaft durchexerziert haben und in Ihrer Ausrichtung auf Wahrheit eindeutig sind, dann können Sie sich mit der folgenden Technik des »Monologs von oben« vertraut machen (sofern sie Ihnen zusagt).

Übung 12.1: Monolog von oben

- Legen Sie Papier und Stift bereit (oder setzen Sie sich an die Schreibmaschine, wenn das sich als Ihre bevorzugte Technik herausgestellt hat).
- Begeben Sie sich (wie in Übung 3.1 beschrieben) in einen meditativen Zustand. Erdung, Aktivierung des Scheitelchakras und deutliches Spüren der Oben-Unten-Verbindung sind dabei wichtig.
- Lehnen Sie sich innerhalb Ihres Körpers wie in einem Sessel zurück und entspannen Sie sich.
- Wenden Sie die Aufmerksamkeit Ihrem Herzen zu. Fühlen Sie Ihr Herz. Verweilen Sie für einige Minuten ruhig atmend und wahrnehmend bei Ihrem Herzen. Stellen Sie sich vor, in Ihrem Herzen eine Kerze anzuzünden, deren Licht das Herz erhellt und wärmt und die Ihre Ehrfurcht vor Ihrem heiligsten und höchsten Selbst, dem Selbst aller Wesen, das zugleich Ihr ureigenstes und intimstes Ich ist, symbolisiert.
- Lassen Sie Ihr Herz sich mit Licht, Liebe, Andacht, Ehrfurcht und froher Feststimmung füllen, wie vor einem besonders festlichen und bedeutsamen Gottesdienst.
- Stellen Sie sich vor, daß in diesen Tempel Ihres Herzens von oben Licht fällt, das vom Scheitelzentrum herabscheint. Rufen Sie »in Wahrheit und Liebe« (das ist eine Schlüsselformel, aber nur, wenn die Worte tief empfunden werden) Ihr höheres Selbst. Fragen Sie, ob es Ihnen etwas mitteilen will.
- Nehmen Sie Stift und Papier zur Hand. Bewahren Sie die Aufmerksamkeit in Ihrem Herzen, atmen Sie ruhig, entspannen Sie sich.

- Schreiben Sie nur, wenn Sie den eindeutigen Impuls dazu bekommen. Schreiben Sie alles auf, was Ihr höheres Selbst Ihnen mitteilen möchte. Urteilen Sie nicht, lassen Sie nichts weg, verfälschen Sie nichts. (Zur kritischen Überprüfung ist später Gelegenheit.)
- Treten Sie anschließend noch einmal in die Stille ein und genießen Sie nach der Kommunikation nun die Kommunion (das Einswerden) mit Ihrem höheren Selbst.
- Beenden Sie die Meditation, indem Sie sich bedanken, die Hände vor dem Herzen zusammenlegen, sich verneigen und sich abschließend gründlich erden.

Wenn die erhaltene Botschaft Sie mit Freude und Staunen, mit Demut und Ehrfurcht, mit einem Gefühl von Erleichterung oder Befreiung erfüllt und Ihnen im tiefsten Inneren plausibel ist (so als hätten Sie es immer schon gewußt, ohne es zu wissen), dann ist es höchstwahrscheinlich eine authentische Mitteilung Ihres höheren Selbst.

Wenn sie Sie verwirrt, niedergeschlagen, zweifelnd, verängstigt oder mit anderen unguten Gefühlen zurückläßt, ist es das Produkt einer anderen Quelle (Phantasie, Unterbewußtsein, Geister, die ihr Spiel mit Ihnen treiben, Telepathie mit anderen Menschen oder Sphären des kollektiven Unbewußten).

Sollte dies der Fall sein, so kehren Sie bitte zu den Kapiteln 5 (Gebet), 7 (Intuition und Phantasie), 9 (Prüfung der Motive) und 10 (Ausrichtung auf Wahrheit) zurück und folgen Sie den dort gegebenen Empfehlungen ausführlich und sorgfältig, bevor Sie den

Versuch erneut wagen. Fahren Sie bitte auf keinen Fall fort, ohne die Übungen dieser Kapitel nachgeholt beziehungsweise wiederholt zu haben.

Bewahren Sie das notierte Material auf und holen Sie es nach einiger Zeit zur Überprüfung noch einmal hervor. Mit einigen Wochen Abstand können Sie bei ehrlicher Untersuchung leicht feststellen, ob es sich um Phantasie, geboren aus Wunschgedanken oder Spieltrieb (nichts Schlechtes, aber nicht das, was angestrebt war!), Material aus Ihrem persönlichen Unterbewußtsein oder telepathische Aussendungen fremder Geister handelt.

Letzteres tritt allerdings selten auf. Wenn es der Fall ist, sind Sie medial begabt. Das ist ein natürliches Phänomen. Wir empfangen andauernd telepathische Botschaften von anderen Wesen, nur bemerken wir es meistens nicht. Legen Sie das Material zur Seite und wenden Sie sich wieder der Arbeit am Kontakt mit Ihrem höheren Selbst zu. Selbst wenn bei Ihnen eine außergewöhnlich große mediale Begabung zutage tritt und Sie den Wunsch verspüren, diese im spiritistischen Sinne weiter auszubauen und für sich und andere zu nutzen, ist es trotzdem dringend zu empfehlen, dies zunächst zur Seite zu stellen und den geraden Weg zu Ihrem höheren Selbst zu gehen. Es ist gesünder für Sie und Ihre Mitmenschen. Wenn Sie erst einmal den Kontakt zu Ihrem höheren Selbst etabliert und gefestigt haben, so daß nichts sich mehr störend zwischen Sie (Ihr persönliches Bewußtsein) und Ihr höheres Selbst schieben kann, dann ist es Zeit, die Frage nach anderweitigen medialen Tätigkeiten (etwa als spiritistisches Medium) mit Ihrem höheren Selbst zu klären (und sich gegebenenfalls einer seriösen Ausbildung zu unterziehen!). Nur wenn es sich herausstellt, daß Ihr höheres Selbst eine solche Tätigkeit gutheißt und unterstützt, sind Sie vor unerwünschten, verwirrenden, irreführenden, schädigenden, möglicherweise nicht mehr abzuschüttelnden Fremdeinflüssen geschützt.

Erhalten Sie bei Ihren Versuchen keine Botschaften, so prüfen Sie, ob Sie alle vorbereitenden Schritte gewissenhaft unternommen haben. Wenn ja, meditieren und beten Sie einfach weiter und bleiben Sie geduldig. Beobachten Sie in aller Ruhe, ob Sie möglicherweise aus unbewußten Motiven heraus den Kontakt mit Ihrem höheren Selbst sabotieren (siehe Kapitel 4). Wenn Sie in den Dialogtechniken erfolgreich waren, kehren Sie zum inneren Dialog zurück. Nicht immer möchte das höhere Selbst mit uns in der von uns gewählten Weise kommunizieren. Wir können es dazu einladen, aber nicht zwingen.

Erreichte Sie jedoch eine Botschaft, die sich bei ehrlichem Hinsehen (vielleicht auch unter Hinzuziehung einer geeigneten, wohlwollenden, aber kritischen anderen Person) als Information aus Ihrem persönlichen Unterbewußtsein entpuppt, dann heißen Sie sie willkommen. Es ist nicht das, was Sie angestrebt haben, aber vielleicht etwas, das im Augenblick viel wichtiger ist. Studieren Sie es aufmerksam, neugierig und neutral in der Absicht, Teile Ihres eigenen Bewußtseins kennenzulernen, die Ihrer Aufmerksamkeit bislang entgangen sind. Danken Sie Ihrem Unterbewußtsein für das Heraufschicken des Materials. Arbeiten Sie mit diesem, indem Sie es sorgfältig zur Kenntnis nehmen, die damit verbundenen, zuvor nicht wahrgenommenen oder verdrängten Gefühle mit Hilfe bewußten Atmens hochkommen lassen, fühlen, anerkennen und anschließend wieder gehen lassen.

Wenn Sie spüren, daß das wichtig für Sie ist, können Sie, bevor Sie erneut versuchen, mit Ihrem höheren Selbst Kontakt aufzunehmen, diesen Faden weiterverfolgen und regelmäßig auf diesem Wege Ihr Unterbewußtsein zu Wort kommen lassen. Möglicherweise müssen Sie sich noch einmal in die Arbeit des vierten Kapitels vertiefen. Empfinden Sie, daß es an der Zeit ist, sich wieder Ihrem höheren Selbst zuzuwenden, so bitten Sie Ihr Unterbewußtsein, Ihnen nun die Verbindung zum höheren Selbst zu verschaffen, und üben Sie weiter, wie hier geschildert.

Zusammenfassung der Übungsphase 12 (Monolog von oben)

Während der gesamten Übungsphase
- Praktizieren Sie täglich, wie in Phase 11:
  »Wurzeln schlagen« (Übung 2.1).
  Ein Meister-Gebet (Übung 5.2).
  Kurze Ausrichtung auf Wahrheit (mit Hilfe des Kompasses aus Übung 10.2).
  Grundtechnik der Meditation (Übung 3.1).
- Führen Sie dann bei Bedarf die in diesem Kapitel beschriebene Übung 12.1 durch.

Grundsätzliche Empfehlungen

1

Gestimmtsein ist der Schlüssel zur Verbindung

Manche unserer Stimmungslagen entsprechen höheren und andere niedrigeren Seinszuständen, das heißt Ebenen. Wir steuern hier eine sehr hohe Ebene an, die des »höheren Selbst«. Das beste Mittel, sie zu erreichen, ist, jenes Gestimmtsein in sich wachzurufen, in dem man in Resonanz mit dieser Ebene seines Wesens kommt. (Die meisten in der Schulung empfohlenen Übungen enthalten auch einen Schlüssel, sich zu »stimmen«.) Denken Sie an einen Musiker, der sein Instrument stimmt, etwa einen Gitarristen. Zwei Faktoren sind dabei zu beachten:

1. die grundsätzliche Höhe der Stimmung des Instruments (er kann seine Gitarre, wie allgemein üblich, auf den Kammerton a^1 stimmen, aber auch höher oder tiefer),
2. die Übereinstimmung (die unterschiedlichen Saiten der Gitarre müssen so aufeinander abgestimmt werden, daß ihr Zusammenklang harmonisch ist, und dies hängt mit den Schwingungsfrequenzen zusammen).

Genauso verhält es sich mit unserem Instrument, dem Körper, und seinen verschiedenen Ebenen, grobstofflichen und feinstofflicheren, die sich durch die Schwingungsfrequenz unterscheiden.

Das meiner Kenntnis nach beste Mittel, beide Zwecke zu erreichen, ist die Musik. Da Sie Ihr Instrument zu dem hier angesteuerten Zweck gleichsam nach einem hohen Ton einstimmen wollen, eignet sich grundsätzlich Musik, die soviel von den höheren, den »himmlischen« Sphären widerspiegelt, wie für Sie angenehm und erträglich ist. Vor allem empfehlen sich geistliche Werke von JOHANN SEBASTIAN BACH, dann verschiedene Arten sakraler Musik, bestimmte Stücke von WOLFGANG AMADEUS MOZART, LUDWIG VAN BEETHOVEN und so fort. Treffen Sie Ihre eigene Auswahl. Das konzentrierte, entspannte Hören derartiger Musik hat sowohl den Effekt, Sie entsprechend einzustimmen, als auch die Harmonisierung in Ihrem körperlich-geistig-emotionalen Organismus zu fördern. Besonders großen Einfluß hat die Musik, mit der Sie Ihren Tag beginnen und/oder Ihre Meditation vorbereiten.

Manche musikalischen Werke bringen nicht die himmlischen Sphären selbst zum Ausdruck, sondern die Sehnsucht nach ihnen und wecken dieses Sehnen im Zuhörer. Beides kann für unsere Zwecke dienlich sein, je nach dem momentanen Bedürfnis.

Wir sind nicht Opfer unserer Gefühlslagen, sondern können uns bis zu einem gewissen Grade willentlich und absichtlich »stimmen«. Wenn Sie morgens meditieren, stimmen Sie sich für den Tag ein. Wenn Sie zu höheren Sphären korrespondierende Musik hören (etwa die »Hohe Messe« von JOHANN SEBASTIAN

BACH), Gebete sprechen, sich auf hoch eingestimmte und hochentwickelte Wesen einstellen (zum Beispiel, indem Sie auf Meister oder Heilige meditieren), dann erreichen Sie in Ihrer Meditation die gewünschte hohe Einstimmung. Das gleiche gilt, wenn Sie Licht visualisieren und (im Laufe der Zeit) über die Vorstellung von Licht Ihre tatsächliche Lichtnatur entdecken. Und dann berühren Sie jene Sphäre Ihres Seins und Wesens, die »höheres Selbst« genannt wird.

Die Kunst besteht darin, diese »Stimmung«, dieses Gestimmtsein, in den Alltag hinüberzutragen und beizubehalten. Dazu haben wir zwei Schlüssel:

1. zentriert zu bleiben, anstatt uns zu zerstreuen,
2. zu strahlen, anstatt uns von der Stimmung anderer überschwemmen zu lassen.

Verankern Sie sich, nachdem Sie sich in der Meditation eingestimmt haben, fest in der jeweils vorherrschenden positiven Grundstimmung, beispielsweise im Gefühl von *Frieden, Klarheit, Heiterkeit, Liebe, Dankbarkeit, Verzückung* (ähnlich wie bei Verliebtsein, aber ohne Objekt) oder einfach *Licht.*

Schaffen Sie sich einen Code, der Sie an diese Grundstimmung erinnert (zum Beispiel ein Wort, einen Namen, ein Bild, ein Symbol). Erinnern Sie sich möglichst oft an Ihren Code. Wann immer Sie spüren, daß Ihre Stimmungslage sinkt, denken Sie an Ihren Code. Er wird Ihnen helfen, das hohe Eingestimmtsein wieder in sich wachzurufen.

Wenn Sie morgens einmal nicht in der Lage sind, sich entsprechend einzustimmen, weil ein Schatten über Ihrem Gemüt liegt, den Sie beim besten Willen nicht durch Musik, Gebet und Meditation entfernen können, dann wenden Sie sich bitte diesem Schatten zu. Was ein Schatten braucht, um zu verschwinden, ist Licht. Licht bedeutet Bewußtsein. Richten Sie den Scheinwerferstrahl Ihrer Aufmerksamkeit auf das, was Ihr Gemüt verdunkelt. Widmen Sie Ihre Meditation diesem Schatten. Öffnen Sie Ihr Herz und versuchen Sie seine Realität emotional zu erfassen. Fragen Sie Ihr Herz, was es bedrückt. Wenn Sie es gefunden haben, fühlen Sie es, umarmen Sie es, nehmen Sie es an. Dann erst sind Sie im Einklang mit sich selbst, haben ein versprengtes Trauriges oder Bockiges, das zu Ihnen gehört, in Ihr Herz zurückgeholt, sind also wieder »ganz« und in der Lage, sich erneut den höheren Dimensionen Ihrer Realität zu öffnen.

Möchten Sie in ständiger Tuchfühlung mit Ihrem höheren Selbst bleiben, so kümmern Sie sich um ihr Gestimmtsein. Kümmern Sie sich um alles, was Sie daran hindert, sich nach Ihrem »Stimmton«, dem höheren Selbst, einzustimmen. Sorgen Sie für Übereinstimmung mit sich selbst und »stimmen« Sie sich immer wieder »nach«. Das ganze Geheimnis im Verkehr mit den höheren Ebenen besteht in der Einstimmung.

Mittel, die entsprechende Einstimmung zu erlangen, sind außer der erwähnten Musik vor allem das Gebet (siehe Übung 5.2), die Meditation (besonders am frühen Morgen und in der magischen Zeit der Abenddämmerung), die Kontemplation von Licht, meditatives Spazierengehen in inspirierender und friedlicher Umgebung, freies Tanzen nach erhebender Musik, Naturerlebnisse, Oberton-Singen. Das gleiche gilt für jede Handlung, die von Ihnen erfordert, einem anderen Menschen gegenüber Ihr Herz zu öffnen und Groll, Neid, Vorurteile, Angst oder Haß zu überwinden, auch jeder Akt der Vergebung.

Wenn Sie verstimmt sind, prüfen Sie, in welchem Bereich oder in welcher Frage Sie uneins mit sich selbst sind. Manchmal fühlt man sich auch verstimmt, weil man die Verstimmung eines anderen aufgefangen hat. In diesem Fall hilft es, dies zu erkennen und sich wieder zu zentrieren. Vielleicht müssen Sie sich von dem Betreffenden zurückziehen, um erst einmal wieder in sich selbst Harmonie zu finden, bevor Sie sich ihm erneut widmen können.

Hohe Stimmung ist jederzeit gegenwärtig und erreichbar. Wenn Sie Grund haben, traurig oder ärgerlich zu sein, ist das kein Hindernis für hohe Stimmung. Sie müssen nicht unbedingt erst abwarten, bis der Grund für Ärger oder Trauer sich aufgelöst oder Sie diese Gefühle bis zum Ende durchgestanden haben; Sie können sich auch sofort, in jedem beliebigen Augenblick, entschließen, hohe Stimmung in sich wachzurufen. Sammeln Sie Ihre eigenen Auslöser für hohe Stimmung: vielleicht bestimmte Gebete oder Mantren, Musikstücke, der Gedanke an bestimmte Meister oder Heilige, Bilder oder Vorstellungen.

Sind Sie hoher Stimmung, so sind Sie in enger Tuchfühlung mit Ihrem höheren Selbst; bei tiefer Stimmung haben Sie sich von ihm entfernt. Täuschen Sie jedoch niemals eine Stimmung vor, die nicht echt ist. Unechtheit entfernt Sie von Ihrem höheren Selbst, das ja nichts anderes ist als Ihr wahres Wesen.

Wenn Sie sich in einem anhaltenden Stimmungstief befinden und beim besten Willen nicht in der Lage sind, sich daraus zu erheben, bestehen meiner

Erfahrung nach zwei gute Möglichkeiten, wieder Anschluß an Ihr höheres Selbst zu finden:

1. Ergeben Sie sich. Nehmen Sie die gegebene Realität an, erkennen Sie sie als etwas, das zu Ihnen gehört. Geben Sie sich der »dunklen Nacht« in Ihrem Gemüt hin. Wagen Sie es, sie ganz zu erleben. Widmen Sie ihr mindestens eine ausführliche Meditationssitzung, während der Sie Ihr Elend gründlich fühlen und (mit dem Herzen) erforschen.
2. Fragen Sie Ihr Herz, was es bedrückt und was Sie für es tun können.

Auf welche Höhe Sie eingestimmt sind, hängt auch mit der Weite der Einstellung des Bewußtseins zusammen. Ist Ihr Bewußtsein auf Ihre unmittelbare Umgebung eingeschränkt und ständig mit alltäglichen Gedanken beschäftigt, so ist Ihr Instrument um Oktaven tiefer gestimmt als in Augenblicken, in denen Sie die unendliche Weite und Tiefe des Universums und die Ewigkeit in und um sich spüren. Zwar findet sich innerhalb der tieferen Oktave eine ganze Palette möglicher Gefühle, von Traurigkeit bis Freude. Es sind jedoch vergleichsweise blasse Emotionen, die nicht den ehrfurchtgebietenden Glanz und die überwältigende Tragweite der »höheren Emotionen« haben.

Wenn Sie mit den höheren Ebenen Ihres Wesens in Verbindung gelangen und diese Verbindung stabilisieren möchten, ist es nötig, sich darin zu üben, das Bewußtsein zu öffnen und offenzuhalten. Nach oben hin öffnen Sie es, indem Sie sich stets daran erinnern, daß Sie ein Besucher auf diesem Planeten sind, sich sooft wie möglich den reinen, unschuldigen, engelgleichen Kern Ihres Wesens vergegenwärtigen und die grundsätzliche Sehnsucht Ihres Lebens, jene Sehnsucht, die Ihr höheres Selbst in diese Inkarnation gebracht hat, ehren und nähren. Nach außen hin erweitern Sie Ihr Bewußtsein, indem Sie sich darin üben, Ihren Gesichtskreis über Ihr persönliches Umfeld hinaus auszudehnen und die größere Gruppierung und Strömung zu erkennen, in die Sie hineingestellt sind, das größere Thema, das hinter Ihren persönlichen Problemen steckt, und die große Reichweite Ihres Handelns, Fühlens und Denkens. Ebenso erweitern Sie es, indem Sie sich die Unendlichkeit des Universums vorstellen und sich selbst als Teil dieser Unendlichkeit wahrnehmen. Sie können Ihr Bewußtsein auch nach innen erweitern, und zwar, indem Sie in Ihren Meditationen immer mehr zu Ihrer Mitte, zum tiefen Kern Ihres Wesens vordringen.

All das hilft Ihnen, Ihre Stimmung in einem höheren Gemütszustand zu halten, unabhängig davon, wie die Umstände Ihres Lebens jeweils sein mögen.

Stimmung, das wurde zuvor schon angedeutet, ist nicht dasselbe wie Emotion; Stimmung ist eine grundsätzlichere Ebene als Emotion. Sie können bei einer bestimmten Grundstimmung bleiben, während die unterschiedlichsten Emotionen durch Ihr Gemüt fließen. Behalten Sie ständig die Sonne Ihrer Stimmung im Auge, während die Wolken der Gefühle vorüberziehen.

Im übrigen haben wir einen Zauberschlüssel für »hohe« Stimmung: die Liebe. Wecken Sie Liebe in sich – zu sich selbst und zu Ihren Mitmenschen und -wesen –, und keine tiefe Stimmungslage kann lange verweilen. Liebe in diesem Sinne entspringt nicht der Faszination der Verliebtheit oder der Resonanz der Sympathie, sondern dem Mitgefühl.

2

Fitneß als Basis

Wer die Beziehung zu den höheren Ebenen seines Seins und Wesens, sprich: zu seinem höheren Selbst, dauerhaft vertiefen, intensivieren und festigen möchte, muß seinen grob- und feinstofflichen Organismus pflegen und gesund erhalten.

Der Körper (mit allen Ebenen) ist das Instrument der Erkenntnis, er ist die Form, in der Ihr höheres Selbst sich manifestiert.

Achten, pflegen, trainieren Sie Ihren physischen Körper. Für die Arbeit mit dem höheren Selbst ist Meditation unerläßlich. Es fällt jedoch schwer, wirklich zu meditieren, wenn der Kreislauf schwach und man müde ist, der Rücken schmerzt, die Knie nicht mitmachen, der Körper verschlackt und träge ist.

Der Körper braucht einen gewissen Grad an Frische, Wachheit, Elastizität, einen guten Muskeltonus, Kreislauf und allgemeinen Gesundheitszustand, um:

1. Ihnen jenes Niveau von Lebensfreude und Vitalität liefern zu können, das die notwendige Grundlage für einen dauerhaften Kontakt mit dem höheren Selbst abgibt,
2. das ganze System von der Basis her mit Erdenergie zu versorgen, die von Chakra zu Chakra die Wirbelsäule hinauf in immer höhere und feinere

Schwingungen transformiert wird, und Ihnen somit eine gute energetische Grundlage für Ihren Umgang mit den höheren, schnelleren Schwingungen der höheren Ebenen zu geben.

Ferner wird jeder, der Sport treibt, Ihnen bestätigen können, daß viele psychische Alltagsprobleme – wie Depression, Unlust, Neigung zu Wut und Ärger, Traurigkeit, Minderwertigkeitsgefühle, Antriebsschwäche –, die den Kontakt zum höheren Selbst erschweren können, ganz von selbst verschwinden oder sich auf ein erträgliches Minimum reduzieren, wenn der Körper täglich oder regelmäßig gut und kräftig durchtrainiert wird.

Hatha-Yoga, T'ai Chi und Qi Gong sind hervorragend ausgeklügelte Systeme, die vor allem auf die feineren Ebenen des Körpers belebend, heilend und kräftigend wirken. Meiner Meinung nach reichen sie allein jedoch nicht aus. Laufen, Springen, Hüpfen, Tanzen, Herumtollen: das ist es, was der Körper liebt, auch wenn er es vielleicht vergessen zu haben scheint. Es erfordert etliche Überwindung, irgendwo im Freien, etwa in einem Stadtpark, allein herumzuhüpfen oder Purzelbäume zu schlagen. Kleiden Sie es in eine gesellschaftlich anerkannte, »erwachsene« Form, indem Sie einen Trainingsanzug anziehen und zwischendurch ein paar ordentliche Gymnastik-, Sport- oder Kampfsportbewegungen ausführen. Oder nehmen Sie einen oder mehrere Freunde mit (zu mehreren empfindet man es als weniger peinlich). Oder spielen Sie mit Kindern oder Hunden. Dabei kann man toben, ohne daß es unangenehm auffällt. Oder nehmen Sie an einem Gruppensport teil, bei dem Toben, Hüpfen, Springen, Tanzen und Schreien dazugehören. Es eignen sich alle Ballspiele, auch (für weniger Sportliche) Tischtennis, Afro-, afrobrasilianisches und Jazz-Tanztraining, manche Kampfsportarten, Capoeira, ebenfalls schlichtes Jogging mit gelegentlichen Spring-, Hüpf- oder Tanzeinlagen.

Was immer Sie wählen: Erlauben Sie Ihrem Körper regelmäßig, sich auszutoben. Eine weitere gute Möglichkeit dazu bietet das freie Tanzen zu rhythmischer Musik – nicht unbedingt in der Diskothek. Nichts gegen Diskos, aber zum Zwecke des Gesundheitstrainings sind sie einerseits wegen der meist verrauchten Luft ungeeignet, andererseits weil die Lautstärke der Musik schweren Streß für Körper und Ohr darstellt. Tanzen Sie zu Hause, wenn Sie über einen gut gelüfteten, großen Raum verfügen, in dem Sie allein und unbeobachtet sind. Legen Sie dazu genau die Musik auf, die Sie im jeweiligen Augenblick am besten in Schwung bringen kann, und lassen Sie Ihren Körper dann von der Musik bewegt werden. Allerdings empfehle ich, von Rockmusik, Heavy Metal, Techno als stark rhythmischer Tanzmusik abzusehen, da diese Art von Musik in ihrer physiologischen Wirkung, wie man in Experimenten festgestellt hat, ungünstig sein kann. Statt dessen können Sie afrikanische, karibische, brasilianische, sonstige südamerikanische Musik oder dergleichen verwenden.

Es ist gut, so lange zu tanzen, bis Sie einen Augenblick von Freiheit und Ekstase erleben. Wenn Sie auf diesem Gipfel angelangt sind, tanzen Sie mit Ihrem höheren Selbst. Sie spüren, daß das ganze Universum in Ihnen tanzt. Entdecken Sie in dieser Freiheit und Ekstase Ihre wahre Natur. Im freien Tanz reguliert der Körper übrigens den Fluß des Qi (der Lebensenergie) von selbst in optimaler Weise.

Meiner Meinung nach besteht das optimale Training darin, diese wilden Bewegungsformen mit sanften, energiebewußten zu kombinieren – eben mit T'ai Chi, Hatha-Yoga, bewegtem Qi Gong oder auch Bauchtanz. Die berühmten »Fünf Tibeter« scheinen ebenfalls eine Methode zu sein, sowohl den physischen Körper zu trainieren, als auch die feinstofflichen Energiezentren (Chakren) in Schwung zu bringen.

Und hiermit sind wir beim zweiten wesentlichen Teil dieses Kapitels: den Chakren. Es kann sich als notwendig erweisen, sich mit den Chakren zu beschäftigen, wenn Sie auf Ihrem Weg vorankommen möchten. Wenn ja, werden Sie das spüren. Sie werden das Bedürfnis entwickeln, sich mit den Chakren zu befassen. Vielleicht erübrigt es sich aber, wenn Sie regelmäßig unter guter Anleitung meditieren und den physischen, emotionalen und geistigen Bereich Ihres Organismus gesund erhalten.

Man kann die Chakren wie Stufen einer Leiter benutzen, die das Bewußtsein von Ebene zu Ebene heben. Dazu bedarf es jedoch kundiger Führung, am besten durch einen guten Lehrer (siehe auch das nächste Kapitel). Die genaue Vorgangsweise zu beschreiben und geeignete Übungen anzubieten, ist hier nicht möglich. Wenn Sie sich für diese Arbeit interessieren, können Sie

- sich durch entsprechende Literatur Einblick verschaffen,
- Seminare besuchen, in denen mit den Chakren gearbeitet wird,

- gewisse Yoga- und yogaähnliche Techniken wie die »Fünf Tibeter« erlernen,
- einen Heiler aufsuchen, der auf die Arbeit mit den Chakren spezialisiert ist,
- in eine Meditationsschule eintreten, die die Arbeit mit den Chakren in ihre Schulung einbezieht.

Dies alles zu finden, gelingt durch Eigeninitiative. Erkundigen Sie sich zum Beispiel in Esoterik-Buchhandlungen oder bei einschlägigen Fachzeitschriften.

Mit meinen Ausführungen über körperliche Fitneß soll übrigens nicht gesagt sein, daß man bei Krankheit oder chronischer Behinderung in bezug auf den Kontakt zu seinem höheren Selbst benachteiligt wäre! Auch im Fall einer chronischen Gesundheitsbelastung oder Behinderung besteht ein bestimmtes optimales Fitneßniveau, das individuell verschieden ist. Dieses Niveau zu erreichen und zu halten, steigert die allgemeine Vitalität und Lebenslust und erleichtert es Ihrem höheren Selbst, sich zu Ihnen und durch Sie zu äußern.

Und zu akuten Krankheiten ist zu sagen: Diese sind in vielen Fällen ja gerade das Mittel, das Ihr höheres Selbst wählt, um Sie dazu zu bringen, auf seine Stimme zu hören. Wenn Sie krank sind und Ihren Krankheitszustand nicht mittels eines durchschlagenden Willens- oder Glaubensaktes überwinden konnten, dann nutzen Sie Ihre Krankheit!

Vielleicht haben Sie Fieber und Kopfschmerzen; dann kann es Ihre Aufgabe sein, still zu liegen und Ihr Gehirn zu entspannen. Dies ist eine wunderbare Gelegenheit für Ihr höheres Selbst, endlich mit Ihnen ins Gespräch zu kommen! Worin Ihre Krankheit auch besteht: Erinnern Sie sich bitte an das erste Kapitel dieses Buches; natürlich ist Ihre Erkrankung Bestandteil der grundsätzlichen Vollkommenheit. Sie ist nicht zufällig vorhanden. Sie hat einen Sinn, eine Botschaft. Versuchen Sie, ihre Botschaft zu verstehen, ihre Essenz zu fühlen; geben Sie Ihrer Seele, wonach Sie schreit – und Sie werden nach Ihrer Genesung gesünder sein als je zuvor.

3

Wie findet man
einen guten Lehrer?

Vielleicht gelingt es Ihnen aufgrund meiner Anleitungen oder der Hinweise anderer Autoren, zu meditieren und Ihren spirituellen Weg allein zu gehen. Es wird sich jedoch in den meisten Fällen als notwendig erweisen, einen Lehrer beziehungsweise eine spirituelle Schule aufzusuchen, um meditieren zu lernen und auf dem Weg voranzuschreiten.

Wie aber findet man die richtige Schule oder den richtigen Lehrer? Viele Menschen sind spirituellen Lehrern gegenüber aufgrund der Berichte über unseriöse bis gefährliche Gurus und Sekten höchst mißtrauisch. Deshalb möchte ich einige Kriterien aufzählen, die Ihnen helfen, nicht in die falschen Hände zu geraten.

Am wichtigsten ist, daß die betreffende spirituelle Vereinigung keinen Sektencharakter hat, das heißt mit ihren Lehren keinen Alleingültigkeitsanspruch anmeldet, nicht andere Gruppierungen oder Religionen vom Heil ausschließt und ihre Mitglieder in keiner Weise an sich fesselt.

Darüber hinaus habe ich immer wieder festgestellt, daß ein herausragendes Kennzeichen wirklich weiser und inspirierter Lehrer neben einem an Demut grenzenden Respekt vor allen Menschen und Religionen der Humor ist. Hiermit meine ich nicht die Gewohnheit, auf Kosten anderer Personen zu witzeln, sondern die Fähigkeit, über sich selbst zu lachen. Ich meine echten Humor, der das Eis zwischen Menschen bricht, Herzen öffnet, von Mitgefühl und Weisheit getragen ist und uns über die Probleme des Lebens erhebt.

Und natürlich ist es eine Frage der Intuition, den Lehrer oder die Schule zu finden, der oder die für Sie geeignet ist. Die Intuition ist die Stimme Ihres höheren Selbst, sie geht nie fehl. Sie darf allerdings, wie erwähnt, nicht mit Gefühl im Sinne persönlicher Emotion verwechselt werden. Menschen mit einem gewissen Grad an geistiger Entwicklung besitzen immer Faszinationskraft – unabhängig davon, ob ihre geistige Entwicklung die Vorherrschaft ihres höheren Selbst oder ihr Ego gestärkt hat. Von einem charismatischen Lehrer kann man leicht fasziniert werden und die Stimme der Intuition überhören, die uns im ersten Augenblick, noch bevor die Faszination einsetzte, leise warnte. Hier heißt es also wieder einmal: schnell sein und den ersten, wirklich allerersten Eindruck wahrnehmen. Wenn Sie sich aufgrund dieses ersten Eindrucks von einem Lehrer abwenden, so muß das nicht bedeuten, daß er kein guter Lehrer ist. Es zeigt nur an, daß er für Sie nicht geeignet ist (grundsätzlich oder nur zum gegenwärtigen Zeitpunkt). Man darf kein allgemeingültiges Urteil daraus ableiten.

Versuchen Sie auch, einen Eindruck von den Schülern des betreffenden Lehrers oder den Mitgliedern der Vereinigung zu bekommen. Nehmen Sie die

Ausstrahlung der Menschen wahr, stellen Sie fest, ob Sie sich unter ihnen wohl fühlen und ob diese Menschen selbst sich wohl fühlen, ob sie frei sind, sie selbst zu sein und ihren eigenen Weg zu gehen. Sehen Sie von einzelnen ab, die Ihnen nicht gefallen (die werden Sie überall finden), nehmen Sie die Mehrheit wahr. Fragen Sie sich, ob Ihnen an diesen Menschen eine Ausstrahlung und Qualitäten auffallen, die Ihnen erstrebenswert erscheinen.

Lachen die Mitglieder dieser Gruppe? Freuen sie sich? Gehen sie offen auf Sie zu? Sind die Menschen echt oder tragen sie pseudo-spirituelles Gebaren zur Schau? (Auch hier gilt: Schauen Sie bitte auf das Gros, nicht auf einzelne.) Beachten Sie vor allem, wie sich die führenden Repräsentanten des Lehrers oder der Organisation verhalten und wie Sie sich in ihrer Gegenwart fühlen. Fühlen Sie sich wohl? Fühlen Sie sich respektiert, angenommen und ernst genommen? Fühlen Sie sich frei in ihrer Gegenwart?

Wenn Sie entscheiden, sich einem bestimmten Lehrer oder einer Schule anzuschließen, dann ist es ratsam, den Weg, den diese Schule weist, konsequent zu gehen – wenigstens eine Zeitlang. Einer Lehre in der täglichen Praxis des Lebens und der Meditation ernsthaft zu folgen, bringt Sie Ihrem wahren Selbst näher, als hier und da ein Körnchen von verschiedenen Lehren aufzupicken und einer Freiheit zu frönen, die in Wahrheit vielleicht nur die Unfähigkeit ist, eine Verpflichtung einzugehen. Seltsamerweise fängt die wahre – die innere – Freiheit dort an, wo man die äußere Unfreiheit, die eine Verpflichtung mit sich bringt, freiwillig auf sich nehmen kann.

Wenn Sie Verpflichtungen nicht grundsätzlich aus

dem Weg gehen, sondern sie als Gelegenheiten betrachten, neuen Qualitäten zum Durchbruch zu verhelfen, dann denken Sie in Übereinstimmung mit dem Denken Ihres höheren Selbst. (Ihr höheres Selbst, das seinem Wesen nach grenzenlos und frei ist, hat sich ja aus freiem Entschluß in die Begrenzung eines Lebens im physischen Körper begeben.) Je größer der Bereich, für den Sie sich engagieren und Verantwortung übernehmen, desto mehr Raum geben Sie den Qualitäten Ihres höheren Selbst, sich in Ihrer Persönlichkeit und Ihrem Leben zu entfalten. Übersehen Sie dabei aber bitte nicht, daß der erste Bereich, für den Sie verantwortlich sind, Ihr eigenes Leben ist.

Ein guter spiritueller Lehrer wird Sie daher nicht nur lehren zu meditieren, er wird Sie auch darin unterweisen, intelligent und kreativ mit den Problemen Ihres Lebens umzugehen. Und er wird Sie in Ihrem Bestreben unterstützen, sich zu entfalten, indem Sie sich in den Dienst der Allgemeinheit stellen, Verantwortung übernehmen und dabei Ihre eigene Kreativität einsetzen.

4

Perspektivenwechsel

Wir haben unser Bewußtsein auf die Frequenz »höheres Selbst« eingestellt; wir haben unser höheres Selbst angesprochen; wir haben Fragen gestellt und Antworten bekommen; wir haben uns für das geöffnet, was es uns mitteilen möchte, auch ohne daß wir Fragen stellen.

Nun ist es Zeit, daß wir die *Perspektive wechseln.*

Normalerweise denken wir ungefähr so: »Ich bin diese kleine Person mit ihren Begrenzungen, ihren Schwächen und ihrem Egoismus, und ich wünsche mir Kontakt mit meinem höheren Selbst. Ich hoffe, daß ich ihn zustande bringe und daß ich seiner würdig bin.«

Können Sie sich vorstellen, daß es umgekehrt ist? Ihr höheres Selbst sucht den Kontakt zu Ihnen! Ihr höheres Selbst ist es, das Sie ruft. Ihr höheres Selbst sehnt sich nach Ihrer Zuwendung, sehnt sich danach, daß Sie sich endlich aus Ihren Verstrickungen, Beschäftigungen und Ängsten lösen und sich ihm zuwenden. Das höhere Selbst spricht andauernd zu Ihnen, es ist Ihnen immer zugewandt. Sie sind es, der sich abwendet, der nicht hinhört, der in seine wiederkäuenden, vorausplanenden, abwehrenden, befürchtenden oder widerstreitenden Gedanken so sehr verstrickt ist, daß er seine Stimme nicht hört.

In Wahrheit ist nichts leichter, als mit seinem höheren Selbst in Fühlung zu kommen. Es ist immer da; es wartet, daß Sie sich zu ihm hinwenden. Gott, das Wesen aller Wesen, das Herz aller Herzen, die Macht, die den Kosmos bewegt, der Atem Ihres Atems, die Intelligenz Ihrer Intelligenz, der Träumer und Schöpfer Ihres Lebens, die Mutter des Universums, der Herr der Herrlichkeit, Ihr allerintimstes Selbst, wartet auf seine Entdeckung durch Sie. Sie sind nicht das arme, kleine, schuldige Erdenwürmchen, das bettelnd die Hand zum Himmel recken muß. Sie sind Erbe des gesamten Universums. Das Universum sehnt sich danach, in Ihnen zu einer neuen, schönen Blüte auszutreiben, zu einem neuen Gipfel, einem neuen herrlichen Traum, einem neuen Zeugnis seiner Kreativität, seiner Macht, seiner Intelligenz, seiner Fülle, seiner Schönheit, seiner Liebe. Wenn Sie sich Ihrem höheren Selbst, Ihrer höheren Wirklichkeit und damit Ihrem vollen Potential öffnen, feiert das Universum gleichsam seine Neugeburt in Ihnen.

Es ist an der Zeit, daß Sie sich Ihr höheres Selbst nicht mehr als eine Instanz vorstellen, die zur Aufgabe hat, Sie zu lehren, zu führen und Ihnen zu helfen, also von Ihnen festgelegte Zwecke zu erfüllen, sondern umgekehrt: daß Sie sich ihm für seine Zwecke zur Verfügung halten. Darin liegt der Schlüssel zur Selbstverwirklichung. Und von hier aus ist es nur ein kleiner Schritt zu unserem Ziel: zum Bewußtsein der Einheit mit Ihrem höheren Selbst, zur Verlagerung Ihres Identitätsgefühls vom körpergebundenen, persönlichen, begrenzten Ich zum unbegrenzten Selbst.

Wenn dieser Gedanke Sie anspricht, wenn Sie fühlen, daß er ein Bedürfnis formuliert, das in Ihnen vorhanden ist, dann können Sie nun – zum Abschluß Ihres Lehrgangs und Beginn eines neuen Lebens – eine feierliche Zeremonie eigener Gestaltung durchführen. Während dieser Zeremonie sprechen Sie ausgewählte Meister-Gebete, meditieren über Ihr höheres Selbst und erklären dann ausdrücklich und eindrücklich und unter Einbeziehung von »George« in Ihren eigenen Worten Ihre Bereitschaft, Ihrem höheren Selbst zur Verfügung zu stehen. Beenden Sie die Handlung mit den Worten »Ja, ich will!«, und fühlen Sie die Kraft, die Ihnen zufließt, sobald Sie bereit sind.

Schlußbotschaft
des höheren Selbst

———————◆———————

Würde das höhere Selbst, von dem wir sprechen, ein Buch über unser Thema schreiben, was stünde darin? Ich habe schon oft als Medium für mein höheres Selbst fungiert (»mein« ist nicht ganz korrekt ausgedrückt – es ist das höhere Selbst, von dem ich ein Teil bin) und auf diesem Wege Bücher und andere Texte zustande gebracht. Das vorliegende Buch jedoch habe ich aus meiner individuellen Perspektive und Erfahrung heraus geschrieben. Allerdings hat das höhere Selbst den Anfang und sämtliche Themen geliefert, meine vorgefaßten Pläne über Bord geworfen und mich beim Schreiben ständig inspiriert. Nun aber möchte ich es selbst zu Wort kommen lassen und bitte um ein Schlußkapitel, das uns allen jenen mächtigen, heilenden, befreienden Strom von Inspiration zuteil werden läßt, der aus dieser Quelle zu fließen pflegt und der uns die Kraft, die Einsicht, die Liebe und die Begeisterung geben kann, die wir benötigen, um ans Werk zu gehen.

Wir leben in einer Bewußtseinssphäre, in der es weder wenn noch aber, noch trotzdem gibt. Vorherrschend ist das Wissen, daß alles ist, daß alles fließt, daß alles eins ist und daß das Eine, das sich hinter allem verbirgt, lächelt.

Bewußtsein träumt, wenn ihr so wollt, und schafft Welten über Welten. Die Substanz, aus der es schafft, ist es selbst.

Das Eine, das sich hinter allem verbirgt, lächelt. Um dieses Lächeln wahrzunehmen, müßt ihr tief in eure eigene Natur tauchen, tief hinter die Dinge schauen. Und vor allem müßt ihr euer eigenes Lächeln wecken. Lächelt euch selbst zu, wenn ihr euch etwas Gutes tun wollt, lächelt euren Mitmenschen zu, wenn ihr ihnen etwas Gutes tun wollt; lächelt den Zellen eures Körpers zu, wenn ihr ihnen etwas Gutes tun wollt. Lächeln öffnet das Herz, Lächeln entspannt, Lächeln überwindet das Ego ohne jede Anstrengung.

Die Welt, in der wir leben, ist von diesem Lächeln durchdrungen; das göttliche Lächeln wird von uns immer wahrgenommen. Wir lächeln, weil ER lächelt, oder weil SIE lächelt oder ES lächelt – wie ihr wollt. Wir lächeln, weil wir WISSEN. Wenn ihr ebenfalls WISSEN wollt, müßt ihr lächeln.

Laßt die Sonne in eurem Herzen aufgehen, wenn ihr lächelt; verzieht nicht einfach das Gesicht. Probiert es aus, jetzt gleich. Es ist einfach. Ihr braucht keinen Anlaß, um zu lächeln.

Was immer ihr wirklich anlächelt, lächelt zurück. Lächeln ist Entdeckung: Entdeckung von etwas, das immer da ist, auf dem Grunde aller Begegnungen und Begebenheiten: Liebe, Verwandtschaft, Einheit. Aus dieser Entdeckung entfließt Erleichterung, aus Erleichterung entsteht Leichtigkeit. Lächeln macht leicht.

Alles Schwere ist selbstgeschaffen; ihr selbst seid es, die Schwere schaffen. Bei uns gibt es keine Schwere. Das heißt nicht, daß das Leben für uns der Tiefe entbehrt oder langweilig sei – im Gegenteil. Schwere macht schwerfällig, Schwere zieht tief zum Boden hinunter. Schwere verringert den Horizont, engt die Wahrnehmung ein und verarmt so das Leben. Erhebt euch! Lächelt!

Lächelt dem Schweren zu. Ihr habt es geschaffen, damit es euch diene: wie die schwere Hantel die Muskeln stärkt. Die Hantel ist euer Diener, nicht euer Herr. Ist euer Herz schwer, so seufzt und weint – und dann lächelt. Wenn der Regen gefallen ist, zeigt sich die Sonne wieder, und die Luft ist rein.

Wie schwer die Umstände auch wiegen mögen:
Wahrt Lächeln und Leichtigkeit, und ihr seid uns nah.
Leichtigkeit ist die Schwerkraft des Himmels. Wir spre-
chen als »wir«, weil wir keine Ich-Punkte zentrierten Be-
wußtseins sind. Wir sind sozusagen breiter als ihr –
deshalb der Ausdruck »wir«. Es ist ein Behelfsausdruck,
den wir gebrauchen, um uns verständigen zu können
und um uns vom alltäglichen »Ich« der Autorin zu un-
terscheiden.

Wir sind das innere Selbst; ihr würdet sagen: das
höhere Selbst. Aber man kann es drehen, wie man will,
da alles eine Frage der Perspektive ist. Man könnte
auch sagen: das tiefere Selbst. Das Ich agiert in Raum
und Zeit und hat sich Namen und Gestalt zu diesem
Zweck erschaffen; es ist an den physischen Körper ge-
bunden. Es ist der Blüte einer Pflanze vergleichbar. Die
Blüte kann sterben, die Pflanze lebt weiter. Auch dies ist
nur ein Behelfsbild. Wir können es noch anders er-
klären: Das Ich ist eine Projektion des Selbst in Raum
und Zeit, jedoch keine vollständige, da das Selbst viel-
dimensional ist, während das Ich mit seinem Bewußt-
sein und seiner Wahrnehmung in ein dreidimensiona-
les Feld eingebettet ist. Durch diese Projektion in Raum
und Zeit lernt das Selbst etwas über sich selbst (ähn-
liches gilt, wenn ihr euch eine Photographie anseht, die
euch darstellt, oder in einen Spiegel schaut). Und es
kann in das Abenteuer der schwierigen, hürdenreichen,
stets gefährdeten Existenz in Zeit und Raum eintauchen,
um darin seine Fähigkeiten und Qualitäten zu erproben
und zum Ausdruck zu bringen. Das Leben des Ich ist
die Entfaltung des Selbst. Jede Erkenntnis, die der
Mensch verwirklicht, ist ein Schöpfungsakt für das
Selbst. Wenn auch das Ich zerfällt, so werden doch

seine Erkenntnis, seine Entfaltung, seine Schönheit, Lie-
be und Kraft dem Selbst gleichsam einverewigt.

Das Wir und das Ihr sind nicht getrennt, Selbst und
Ich sind nicht getrennt, sondern eins. Je nachdem, ob
der Zeiger des Bewußtseins im persönlichen oder im
überpersönlichen Feld steht, kommt das eine oder das
andere zu Wort. Unser Bewußtsein ist im allgemeinen
beweglicher als das eure. Wir können unser Feld in eu-
re Wahrnehmung hinein vertiefen und auf andere Ebe-
nen der Wahrnehmung erhöhen. Es reicht nahe an das
Bewußtsein des Einen heran und ist für uns wahr-
nehmbar von Ihm durchdrungen.

Wir sind dem Himmel näher, ihr der Erde – der Erde,
wie ihr sie versteht. In Wahrheit ist die Erde natürlich
Teil des Himmels. Aber die Metapher »Erde« steht für
eine Einengung des Bewußtseinsfeldes auf den Bereich
eures Lebens in Fleisch und Blut, in euren vier Wänden,
in euren wenigen engen Beziehungen mit anderen und
in der Welt eurer Arbeit.

Ihr fragt uns und wollt Rat und Führung als Ant-
wort; wir fragen euch und wollen als Antwort Leben.
Die Antwort, die wir euch geben, ist wertlos, wenn ihr
sie nicht lebt; aber sobald ihr sie lebt, wird sie Antwort
für uns. Wir brauchen euch ebenso, wie ihr uns
braucht.

»Wir« und »ihr« sind eins, und wir sind nicht eins.
Arbeitet mit beiden Gedanken, mit jedem für sich, und
fügt sie dann zusammen.

Literatur

ERIKA CHOPICH und MARGARET PAUL: *Die Aussöhnung mit dem inneren Kind.* Hermann Bauer, Freiburg 1995.

PATRICIA GARFIELD: *Kreativ träumen.* Ansata, Interlaken 1993.

SHAKTI GAWAIN: *Gesund Denken.* Kreativ visualisieren. Wilhelm Heyne Verlag, 4. Auflage 1997.

JONATHAN GOLDMANN: *Heilende Klänge.* Die Macht der Obertöne. Knaur, München 1994.

HAZRAT INAYAT KHAN: *Gayan, Vadan, Nirtan.* Heilbronn Verlag, Heilbronn 1987.

HAZRAT INAYAT KHAN: *Die Einheit der religiösen Ideale.* East West Publications, Den Haag/London 10. J.

PARAMHANSA YOGANANDA: *Flüstern aus der Ewigkeit.* Perlinger Verlag, Wörgl 1989.

PIR VILAYAT KHAN: *Der Ruf des Derwisch.* Synthesis, Essen 1982.

MAX FREEDOM LONG: *Kahuna-Magie.* Die Lösung vieler Lebensprobleme durch praktisch angewandte Magie. Hermann Bauer, 2. Auflage, Freiburg im Breisgau 1992.

GITTA MALLASZ: *Die Antwort der Engel.* Ein Dokument. Daimon, Einsiedeln 1993.

PRENTICE MULFORD: *Unfug des Lebens und des Sterbens.* S. Fischer, 17. Auflage, Frankfurt am Main 1992.

JOSEPH MURPHY: *Die Macht Ihres Unterbewußtseins.* Das große Buch innerer und äußerer Entfaltung. Ariston, 56. Auflage, Kreuzlingen/München 1995.

SAFI NIDIAYE: *Liebe ist mehr als ein Gefühl.* Partnerschaft, Sexualität, Spiritualität. Wilhelm Heyne Verlag, 4. Auflage, München 1997.

SAFI NIDIAYE: *Neues Wissen, neues Denken für eine bessere Zukunft.* Der Mensch im anbrechenden neuen Zeitalter. Ariston, Kreuzlingen/München 1993.

SAFI NIDIAYE: *Liebe, Leben, Partnerschaft.* Antworten aus einer höheren Dimension. Audiokassetten. Ariston, Kreuzlingen/München 1993.

SAFI NIDIAYE: *Meditation löst Lebensprobleme.* Selbsthilfe für den Alltag. Wilhelm Heyne Verlag, 1. Auflage, München 1997.

SAFI NIDIAYE: *Die Stimme des Herzens.* Der Weg zum größten aller Geheimnisse. Bastei Verlag Gustav H. Lübbe, Bergisch Gladbach 1998.

SAFI NIDIAYE: *Den Weg des Herzens gehen.* Eine Frau findet zu ihrer inneren Stimme. Wilhelm Heyne Verlag, 3. Auflage, München 1997.

SAFI NIDIAYE: *Vertrauen ins Leben.* Das Prentice-Mulford-Arbeitsbuch. Wilhelm Heyne Verlag, 1. Auflage, München 1998.

JANE ROBERTS: *Die Natur der persönlichen Realität.* Ein neues Bewußtsein als Quelle der Kreativität. Ariston, 4. Auflage, Kreuzlingen/München 1991.

GABRIELLE ROTH: *Das befreite Herz.* Wilhelm Heyne Verlag, 6. Auflage, München 1998.

STUART WILDE: *Affirmationen.* Gedanken haben Schöpferkraft. Hugendubel, München 1994.

Claus Gaedemann
Ich habe immer Zeit
Zeitökologie: Zeit nutzen – Zeit sparen – Zeit haben

Wie gehen wir eigentlich um mit unserer Zeit? Verplempern wir nicht viel zuviel davon mit unwichtigen oder unsinnigen Dingen? Die Ressourcen unserer Lebenszeit
sind jedoch nicht unerschöpflich – höchste Zeit, etwas zu ändern. Dieses Buch zeigt,
wie sich durch einen bewußteren Umgang mit jeder Stunde unseres Lebens mehr
Zeit zum Leben gewinnen läßt – mehr Lebensqualität durch Zeitökologie.

238 Seiten, kartoniert, ISBN 3-7205-1734-9

Donald Norfolk
Nie mehr müde und erschöpft
Frisch und vital in 28 Schritten

Der bewährte Ratgeber gegen chronische Müdigkeit, vollständig überarbeitet und
benutzerfreundlich gestrafft und strukturiert. Praxisnah und in 28 Schritten baut das
Buch des britischen Therapeuten und Heilpraktikers die vielfältigen Ursachen der
verbreiteten Volkskrankheit ›Chronische Müdigkeit‹ ab. Spüren Sie mit Hilfe dieses
Buches Ihre persönlichen Ursachen auf, folgen Sie den empfohlenen Schritten, und
Sie werden sich rasch als ›neuer Mensch‹ fühlen.

214 Seiten, kartoniert, ISBN 3-7205-1432-3

Scilla Elworthy
Power & Sex
Das weibliche Prinzip und die Kraft zur Veränderung

Dr. Scilla Elworthy, Sozialwissenschaftlerin und Friedensforscherin, wurde für ihre
Vermittlungsarbeit zwischen Atomwaffenlobby und -gegnern zweimal für den Friedensno-
belpreis nominiert. In diesem Buch setzt sie den gängigen Machtmechanismen wie Domi-
nanz und Ausbeutung ein anderes Prinzip entgegen: Die weiblich-integrative Kraft für ein
Leben im Einklang mit anderen und mit der Natur.

390 Seiten, gebunden, ISBN 3-7205-1973-2

Alle diese Bücher erhalten Sie in jeder Buchhandlung.
Ein farbiges Büchermagazin mit den lieferbaren Titeln des Ariston Verlages
senden wir Ihnen auf Wunsch gerne zu.

ARISTON VERLAG · KREUZLINGEN/MÜNCHEN

Hauptstraße 14, CH-8280 Kreuzlingen, Tel. 071/672 72 18, Fax 071/672 72 19
Karl-Theodor-Straße 29, D-80803 München, Tel. 089/38 40 68-0, Fax 089/38 40 68-10

HEYNE BÜCHER

Dr. Deepak Chopra

Die unendliche Kraft in uns
Heilung und Energie von jenseits der Grenzen unseres Verstandes
08/9647

Dein Heilgeheimnis
Das Schlüsselbuch zur neuen Gesundheit
08/9661

08/9647

08/9661

Heyne-Taschenbücher